交通强国系列读本

党的十九大提出建设“制造强国”“交通强国”

中国智造
助推交通强国

中华人民共和国国际科技合作奖获得者**倪军教授**作序
交通运输部青年科技英才**赵光辉**◎著

人民邮电出版社
北京

图书在版编目（CIP）数据

中国智造助推交通强国 / 赵光辉著. -- 北京 : 人民邮电出版社, 2018.1
（交通强国系列读本）
ISBN 978-7-115-36563-7

Ⅰ. ①中… Ⅱ. ①赵… Ⅲ. ①智能制造系统－制造工业－研究－中国②城市交通运输－研究－中国 Ⅳ. ①F426.5②F572

中国版本图书馆CIP数据核字(2017)第296185号

内 容 提 要

本书详细而深刻地探讨了“智能制造助推交通强国”这个新课题，内容涉及我国智能制造如何改变目前的交通发展，以及对城市智能交通的巨大影响、“两业联动”视角下我国物流发展战略等，总结了我国智能制造对交通强国战略产生的重要影响。本书适合交通行业研究者、智能制造研究者，以及对这方面感兴趣的读者阅读与学习。

◆ 著　　　　赵光辉
　责任编辑　赵　娟
　责任印制　彭志环

◆ 人民邮电出版社出版发行　　北京市丰台区成寿寺路 11 号
　邮编　100164　　电子邮件　315@ptpress.com.cn
　网址　http://www.ptpress.com.cn
　大厂聚鑫印刷有限责任公司印刷

◆ 开本：720×960　1/16
　印张：19　　　　2018 年 1 月第 1 版
　字数：236 千字　　2018 年 1 月河北第 1 次印刷

定价：59.00 元

读者服务热线：(010) 81055488　印装质量热线：(010) 81055316
反盗版热线：(010) 81055315

序 言

2016 年 8 月 12 日，我在沈阳参加了密西根大学吴贤明制造中心校友会，会间和光辉博士进行了较长时间的专门交流，重点谈到中国制造向智能制造转型升级的趋势。随后几天时间，邀请他陪同我和李杰教授等研究团队一行考察了中车集团基地。我们从沈阳到湖南，一路交流，一路讨论。当时我提出，希望他写一本关于“中国智造”的书，如中国智能制造怎样推动高铁、汽车、轮船以及未来交通运输装备发展。时光飞快，转眼即逝。2017 年 5 月 10 日，光辉博士和他的学生冯帆来到杭州，我们观赏了安脉盛工业大数据技术和工业人工智能技术应用的图景宣传，坐下来探讨了关于智能制造在中国发展的相关问题，顺便谈到智能制造如何让世人生活更美好的话题。赵光辉博士兴致极高，从办公室到午餐桌，从我们在密西根大学吴贤明制造中心的智能船舶研究项目，到中国高铁制造发展的历程，再到 2mm 汽车工程及先师吴贤明推动世界制造业革命性发展，他的话题都围绕着中国交通如何走向世界、引领世界、造福世界，意犹未尽，我们分手的时候，他告诉我，今年一定会写完中国制造推动中国交通发展的书。当时，我为有他这样一位学生而感慨，感慨于他满满的交通情怀，感慨于他沉浸于研究而忘我的感染力。

作为世界经济论坛先进制造全球议事委员会副主席，我一直在关注一个国家制造业对该国在世界影响力位置的变动问题。

从 20 世纪 30 年代开始，美国大力发展制造业，完善了航空、能源、钢铁、化工和电力技术，推动了美国汽车、飞机、轮船制造。20 世纪 70

年代以来，以美国为中心辐射全球的信息技术革命让世界开始以指数级的速度改变，美国成为微电子技术和信息技术革命的主导者，以硅谷为中心的研发创新加上以华尔街为中心的商业推进，美国牢牢把持了世界科技、经济中心的地位。进入 21 世纪以来，以互联网产业化、工业智能化为代表，以人工智能、无人控制技术、量子信息技术、虚拟现实以及生物技术为主的第四次工业革命快速改变世界。2012 年巴拉克·奥巴马总统再次竞选成功后，美国政府正式推出了“先进制造合作伙伴关系计划”（AMP，后升级为 AMP 2.0）并实行了一系列国家级举措，包括专门建立机构协调所有与制造相关的研究计划、创建十几个国家的制造创新网络、向美国制造业提供激励措施以及积极缩小基础研究和商业化之间的差距。虽然现任总统康纳德 · 特朗普几乎否决了所有前任总统的提议，但促进制造业发展仍然是美国政府优先考虑的计划之一。

中国政府自 2015 年以来，实施了“中国制造 2025”的大战略。这个战略共分为 3 个阶段，每个阶段都需要花费 10 年的时间。第一阶段即“中国制造 2025”，将着眼于提高生产质量，提升中国制造业的竞争力。而第二阶段和第三阶段则是提高中国制造业的创新能力，让中国企业迈入世界创新制造业的行列，并在 30 年内走向世界领先集团。中国的大飞机制造、高铁大发展、无人驾驶汽车的研发、共享单车的创新等，都成为这个时代闪耀的明珠，引起世人瞩目。目前，中国已超过美国成为最大的制造业国家和最大的国际贸易国家。在高铁领域，10 年间中国就已经生产了 2400 多台高速列车，建成了世界上最大、最长的高速铁路网。最近，“交通强国”与“制造强国”“人才强国”“质量强国”等一系列“强国政策”一道陆续出台。

自 2010 年以来，世界经济论坛（WEF）已经开始关注制造业对包容性增长、可持续发展、劳动力发展、能源和自然资源消耗、国际贸易和物流以及就业等诸多全球性问题的影响。为此，世界经济论坛开启了与制造业相关的若干举措，如建立全球先进制造议程理事会、未来制造业工作组和有关未来制造的全球未来理事会（GFC）。一大批政策制定者、经济学家、技术专家、教育工作者、工业管理人员和民间社会活动家共同为未来制造树立愿景。就在本月，也就是 2017 年 11 月，我作为唯一一位欧盟成员国以外的特邀嘉宾，应邀参加了每两年召开一次的欧盟未来制造大会（Manufuture），会议在欧盟轮值国爱沙尼亚共和国塔林盛大举行，600 多位来自工业界和学术界的领军人物以及欧洲各地的政治代表以"提升价值链（Moving up the Value Chain）"为题，展望欧洲制造的未来，为走向 2030 年的科技发展道路畅所欲言。我在会上提出，影响全球制造业未来发展的关键因素和驱动因素有很多，例如，政府政策（如研发激励措施、进出口税、环境保护规定等）、技术进步（如机器人技术、数字技术、自动化、物联网等）、创新生态系统（如研发投入、知识产权保护等）、贸易协议（如多边、区域、全球等），还有基础设施和能源供应、人才的培养、新兴消费市场的出现、全球物流成本等。在生产成本快速增加，出口市场收缩，其他低成本劳动力国家的竞争等多重压力下，中国政府意识到需要将制造业转型升级，"中国制造 2025"的提出，代表了中国的制造业进入了一个关键和挑战的时期。中国政府开始实施创新驱动，建立国家创新机制、法律框架和生态系统；促进监管制度标准化，提高资源利用率；加大环保力度并淘汰落后产业；吸引国际顶尖人才，鼓励 STEM 教育。中国的市场巨大，有着良好的物质基础设施，现在又有了政府部门提供的强力支持，可以预见在未来 10 年内的重大转变。

伴随着"交通强国"政策，交通行业成为中国智能制造的前沿领域。早在 2001 年，我和李杰教授在美国创建全世界首个专注于工业设备智能化应用的国家级中心——美国国家智能维护系统中心（IMS），就是从交通制造开始的，我们先后与 100 多个工业领域、15 个国家、85 个跨国企业的合作，其中更包括我们所熟知的波音、通用汽车、 通用电气、航天科技集团、中船重工等知名企业，汽车、高铁、航空、船舶、桥梁……这些都是交通运输的范畴。拿飞机发动机来说，一般来说，在公司发动机售卖和保修期结束后，服务便停止了，但通用电气通过智能维护系统预测发动机未来的运行状况，提前将需要更换的零件调配至指定中转站。这也使得通用电气从卖产品走向了卖服务，从出售发动机转而变成出售飞行小时数，利润空间大幅上升。我和李杰教授创办的安脉盛，以推动工业大数据技术与工业人工智能技术应用为主，当然致力于交通运输设备故障预诊、健康管理、生产与维护排程优化等一系列服务，推动“中国制造 2025”和“交通强国”融合发展。以我们最近和中国中车的合作为例，中国的高铁经过七八年来高速发展，中国变成世界上高铁里程数最长的一个地方。大家知道，高铁是速度快非常的运载工具，要不惜代价地保安全。中国高铁更换维保成本比国外要高，如果我们能够提供精准维保，一扫描就知道第八列车厢前面的转向轴承要换，这样能极大提高维保的精准度，降低成本，提高安全性。我们期待，智能制造技术的应用不仅仅限于高铁，对于其他运输领域，也能够得到应用，或许这就是智能制造推动中国交通强国发展的一个侧影。

五年以前，赵光辉博士初到美国密西根大学，很多人问他，“你不是学制造专业的，怎么到我们这里来做研究？”我记得有一次向来访的中国工程院院士、清华大学副校长尤政教授介绍说，光辉博士本来是研究人才的，后来在交通运输部所属单位工作，所以他重点来研究制造技术推动中国交通发展问题，同时也专注于制造大师吴贤明先生的事迹传播。2015 年年底回国之后，他撰写了《互联网 + 交通》《互联网 + 综合运输》和《Uber 崛起：颠覆未来交通》，我欣然作序。今年，他新出版《中国智造助推交通强国》等书，依然没有离开交通运输的视野，我依旧欣慰作序。

一个人来到世上，要活得有意义，要因为你的存在会对社会、对周边人群产生影响。无论扮演什么角色，每个人都可以使这个世界发生一点改变。希望勤奋的光辉博士继续努力，结合世界发生的重大技术变革，把握天下大势，始终以国际视野、宽阔的胸怀和超凡的睿智服务于交通强国的研究，为读者带来更多好消息。

2017 年 11 月 28 日于美国密西根大学

倪军教授，美国密西根大学吴贤铭制造科学冠名教授、吴贤铭制造研究中心主任，世界经济论坛先进制造全球议事委员会副主席，上海交通大学校长特聘顾问、密西根学院创始院长，杭州安脉盛智能技术有限公司创始人。曾获美国国家科学基金会总统教师奖、国际制造工程师学会杰出制造工程师奖、美国机械工程学会 WiliamT.Ennor 最高制造技术奖、北美中国工程师学会卓越服务奖、教育部高等教育教学成果国家级一等奖、上海市政府海外科学家杰出贡献白玉兰金奖，国际制造工程师学会、国际工程资产管理学会及美国机械工程学会 Felow，中国首批“长江计划”特聘教授，首批“千人计划”特聘专家。2013 年中华人民共和国国际科技合作奖获得者。

前言

2017年10月18日，习近平总书记在党的十九大报告中指出，加快建设制造强国，加快发展先进制造业，推动互联网、大数据、人工智能和实体经济深度融合，在中高端消费、创新引领、绿色低碳、共享经济、现代供应链、人力资本服务等领域培育新增长点、形成新动能。

经济全球化3.0时代，交通运输领域的科技创新将对交通的治理产生颠覆性影响。从历史和现实结合的角度看，我国在很多领域实现了从量变到质变的发展、从“跟跑”向“并跑”乃至“领跑”的重大转变，意味着中华民族实现了从站起来、富起来到强起来的历史性飞跃，就交通运输而言，也进入了由交通大国向交通强国迈进的新时代。近几年，我国前所未有地接近中华民族伟大复兴的目标、前所未有地走近世界舞台中心，标志着我们开创了一条与西方不同的崭新的中国特色社会主义现代化之路，拓展了发展中国家走向现代化的途径，为解决人类问题贡献了中国智慧、提供了中国方案。

“推动中国制造向中国创造转变、中国速度向中国质量转变、中国产品向中国品牌转变”，习近平同志对于建设质量强国的重要论述，指引着中国制造业由“制造”向“创造”和“智造”发展。智能制造助推交通产业上下游紧紧抓住交通运输发展黄金时期，以创新推进运输装备品质升级和运输服务品质提升，为我国经济社会行稳致远做出了巨大贡献。在国家制造强国建设领导小组指导下，各项工作取得积极成效，相继出台了多项扶持政策。其中，在《中国制造2025》文件中，我国政府更是明确表示“要大力发展以智能制造为核心的新经济”。智能制造的影响不局限在制造业领域，其更将有助于加快我国产业结构转型进程，培育经济增长新动能，从高污染、高能耗的粗放型经济转型为可持续、低能耗、高附加值的集约型经济。

事实上，智能制造并非新生事物，长期以来，德国、美国、日本等工业强国都对智能制造保持着高度关注，并在资金、政策等方面给予了大力扶持，例如，美国出台的“再工业化”战略，德国提出的“工业 4.0”战略，日本发布的工业价值链参考框架 IVRA 等，它们都将发展智能制造提高到了国家战略高度。

制造业向来是衡量一个国家综合国力的核心指标，对国民生活水平与质量也有着直接影响。改革开放后的三十多年里，我国经济能够保持高速增长，正是得益于制造技术与生产工艺的快速发展。1980—2015 年，35 年间，我国的道路里程增加了 7 倍，而我国的机动车拥有量却增加了 110 多倍。2010—2015 年，汽车无人驾驶技术等相关的发明专利超过 22000 件。无人驾驶主要采用一种“车对车”的通信技术，能够使车与周边车辆以及交通信号灯、路标等进行信息交换，因而可以大幅降低交通事故率。如今，我国已经成为制造大国，在全球制造业中扮演着关键角色，甚至成为举世瞩目的“世界工厂”。

然而国内企业集中分布于低附加值、劳动密集型的制造业价值链低端环节，更为严重的是，随着国内土地租金成本及劳动力成本不断增长，很多海外巨头开始将工厂迁移至非洲、东南亚地区。而智能制造战略的落地，无疑为我国打破当前制造业发展困境，重构传统制造业价值链，推动中国经济的转型升级提供了新的思路。

智能制造将有助于设计研发实现众创、众包，制造过程实现自动化、数字化，企业业务流程信息化，加速形成新的企业与用户关系，对传统的管理及运营模式产生颠覆性变革。智能制造实现了从传统模式向数字化、网络化、智能化的转变，从简单的产品生产升级为“生产+服务”，促进从生产型制造转变为服务型制造。车辆采取由电脑程序控制的无人驾驶技术，就可以避免驾驶员错误操作的可能，从而可以减少95%的事故率。由于无人驾驶车辆在行驶过程中有着更为紧密、可控的车距，随着道路对车容量的进一步增加，基础设施容量也逐渐达到最佳状态值。除安全性外，无人驾驶技术还可让驾驶员如同坐出租车或火车一样，获得一种双手解放的轻松、自由、舒适的体验感。电动汽车仅依靠以蓄电池为主设备的动力传动系统来驱动汽车行驶，主要包含驱动电机、调速控制器、动力电池以及车载充电器，无须占据超大空间的排气系统。与复杂、庞大的传统汽车的动力总成、底盘结构相比，你会发现电动汽车的结构如此简单。在百公里能耗方面，电动汽车耗能约相当于7公斤标准煤，而传统汽车耗能约10公斤标准煤，特别是在拥堵环境中，其作用优势将更显著。可见在强调绿色智慧、科技创新的交通强国背景下，电动汽车的优势将逐步显现。智慧基础设施主要依据大量传感器采集的信息，根据信息对其进行实时监控、评估与测算，并根据检测结果反馈相关的决策支持信息。智慧基础设施是物理基础设施与数字信息化基础设施的结合，主要用于不断改进、完善信息，有助于决策者做出性价比更高的决策。它通过在物理基础设施上安装数字化的电子信息网络，并联通互联网。不仅如此，智慧基础设施还表现在其综合考虑各个方面的联系、相关政策制度以及社会环境等因素，达到交通治理所带来的经济效益及社会效益的最大化。

“交通强国”战略、“一带一路”的“互联互通”构想与我国交通治理体系从来就有着“混血”“交织”和“共生”联系的大背景，智能制造正是以交通领域各项科技创新为具体体现与载体，借助信息技术、人工智能等技术的渗透力、扩散力来推动以服务为核心的交通管理方式创新和交通治理能力的提升。智能制造将引领未来交通技术运用，是我国交通强国战略的关键，更是我国交通运输行业创新驱动战略实施，实现可持续发展的必然抉择。“一带一路”战略的持续推进，为我国传统制造业的转型升级奠定了坚实基础。

发展智能制造，不仅是引入先进的制造技术与设备，更为关键的是，实现整个产品流通流程的数字化、信息化，建立产业链各环节双向、实时互动的信息物理系统，变革传统的生产组织方式和人际关系，推动生产方式与商业模式创新。

实现全面建成小康社会和现代化强国的目标，需要我们脚踏实地、稳中求进、久久为功，交通运输更要当好先行官。展望未来，我国交通运输事业任重道远，我们将艰苦奋斗，着力服务人民、服务大局、服务基层，着力建设安全可靠、便捷畅通、经济高效、节能环保的人民满意交通，着力打造多方联动、治理有效、法制健全、文明守信、绿色智慧、综合发展的现代交通，努力建设交通强国。

赵光辉

目 录

Part 1　经济篇：智能制造引领经济新常态

Part 3 交通篇：新常态下的智能交通时代

Part 4　物流篇：制造业与物流业深度融合

Part 5　转型篇：我国传统制造业的蜕变之路

Part 1

经济篇：

智能制造引领经济新常态

第 1 章 智能制造：中国经济创新增长新动能

1.1 智能制造的概念、特征、趋势与影响

1.1.1 我国智能制造概念的基本解读

互联网、物联网、云计算、大数据等新一代信息通信技术的发展成熟和广泛应用，新一轮的技术与产业革命在全球范围掀起，逐渐颠覆和重塑了国际产业分工格局。其中，智能制造依托先进互联网信息化技术成为各国发展布局的核心内容，如美国的“工业互联网”、德国的“工业 4.0”等，都是以智能制造为主攻方向，希望借此增强本国在新一轮全球产业分工和价值链中的地位与话语权。

发展智能制造是“十三五”期间我国整体经济转型升级、供给侧结构性改革、从制造大国迈向制造强国、打造经济增长新引擎的必然路径。

当前我国经济正处于转型升级的拐点期，面临众多痛点和复杂的发展环境。如果对发达国家来说，基于新一轮技术和产业革命的新经济本质上是通过信息化实现“再工业化”；那么对我国而言，发展以智能制

造为核心的新经济则是进行“两化融合”（工业化与信息化），通过智能制造转型为传统工业制造业注入新的发展活力，实现提质增效、结构调整、动能转换、由大变强的战略目标。

一方面，经过几十年的发展积累，我国已建立了完整的工业制造体系，制造业规模跃居世界第一，但“大而不强”的特征明显；另一方面，2008年全球金融危机后，美、德、日、法等国家将目光重新聚焦到了工业制造业等实体经济层面，纷纷出台了以智能制造为核心的再工业化战略。在这一背景下，我国政府在2015年公布了《中国制造2025》行动纲要，发展以智能制造为核心的新经济，应对新一轮技术和产业革命的挑战，实现“弯道超车”和经济社会现代化目标。

工业制造业是国民经济发展的基础支撑，是“立国之本、强国之基、兴国之器”。从这一角度来看，《中国制造2025》行动纲要并不只是对工业制造业发展转型的方向引导和战略规划，更是关系到我国总体经济的转型升级，影响着未来经济的可持续发展能力。

《中国制造2025》行动纲要明确提出要加快新一代互联网信息化技术与传统工业制造业的深度融合，通过智能制造转型，增强工业制造业的基础能力，实现结构调整、产业升级和动能转换，从而完成从制造大国到制造强国的跨越。可见，在以最新的互联网信息技术为基础的新经济动力蓝图中，智能制造是核心内容和主攻方向。

智能制造，简单地讲就是通过人工智能等先进信息化技术与工业制造的深度融合，更好地满足优化目标的先进制造系统或模式。随着新技术的发展、新制造模式的涌现，智能制造也从最初相对狭义具体的内容和优化目标逐步广义化。

当前，智能制造依托大数据、物联网等最新信息技术，在产业运作中自主识别和适应快速变化的制造环境，通过对产业链流程的优化再造，构建高效化、优质化、绿色化、网络化、敏捷化、个性化的先进制造系统，覆盖智能产品、智能生产、智能服务、智能回收等诸多内容。

智能制造的内涵拓展体现在以下方面：在技术基础上，从最初单一的人工智能技术到当前备受关注的物联网、云计算、大数据等新型信息通信技术；在制造过程上，从生产制造端延伸到产品的全生命周期；在制造系统层次上，从独立的制造装备单元到覆盖车间、企业、供应链等所有环节的整个制造生态系统；在优化目标上，从自动化小批量生产到个性化柔性制造、灵活生产、优化决策、提质增效、绿色环保等更多目标。

智能制造是以新一代信息通信技术为支撑的，是利用新技术推动生产方式、商业模式等的变革升级。当前被普遍认可的智能制造技术基础是CPS（信息物理系统或虚拟实体系统），即在机器、物料、工艺等工业制造的实体世界中嵌入智能装置或系统，通过虚拟与实体的有效深度连接对各种工业制造数据进行全面感知、实时采集传输和建模分析，然后基于工业大数据分析形成客户与产品洞察、智能决策和控制等，提高产业全流程的智能化水平。

这种深度融合工业实体世界与虚拟网络空间的智能制造系统，在美国主要体现为“工业互联网”，即以互联网基础设施为支撑，将长期积累的大量高新技术红利广泛应用到工业制造业的所有领域和整个产业价值链中，提高制造企业的信息化、数字化、网络化和智能化水平，实现制造流程的智能化组织、协调与决策，自主、动态适应环境变化，完成高效高质、绿色环保、多品种、个性化等一系列优化目标，推动本国工业制造业的快速发展。

根据相关的经济学研究，制造复杂产品的能力是影响一国经济整体竞争力和可持续发展能力的关键，而依托最新互联网信息化技术的智能制造则是未来制造业发展以及总体经济结构升级的必然方向，直接决定着一国制造复杂产品的能力与水平。

智能制造已成为新一轮科技与产业革命浪潮下各国竞争布局的主要内容与方向：发达国家希望通过智能制造实现“再工业化”，继续保持和增强本国工业制造业的全球竞争优势；发展中国家则希望借助智能制造转型全面完成工业化、现代化目标，甚至实现“弯道超车”，改变在国际产业分工中的弱势地位。因此，《中国制造 2025》行动纲要的主攻方向也是智能制造。

我国发展智能制造面临着比美、德等制造强国更加复杂的环境和更多的压力与挑战。不过，智能制造是涉及工艺、产品、企业、产业链等各个方面和环节的先进的制造系统和商业模式，因此可以通过科学合理的战略规划，实现从点到线、从线到面、从面到体的逐步切入与突破，最终完成一系列优化目标，建设成为制造强国。

1.1.2 智能制造产业的 4 个主要特征

智能制造有 4 个主要特征：一是生产系统纵向整合及网络化；二是价值链横向整合；三是全生命周期数字化；四是技术应用指数式增长。借助这四大特征，制造企业有机会利用各种制造新技术取得革命性突破。

◆生产系统纵向整合及网络化

生产系统纵向整合与网络化是智能制造的首要特征。面对不断变更的订单需求、库存水平及各种突发故障，借助信息物理系统（CPPSs），网络化的生产系统能对其做出快速响应。另外，借助信息物理系统，智慧工厂还能实现自我管理，实现定制化生产与个性化生产。当然，在此之前，数据要充分整合在一起，由智能传感技术与自动化系统提供帮助。

借助信息物理系统，无论是生产还是维护都能实现自我管理。生产资源与产品通过网络连接在一起，原料与部件能根据需要在任意时间被送往任意地点。在整个生产流程中，系统能记录每个环节、每个差错，帮工厂对订单变化、质量波动、设备停机等问题进行快速处理，提高生产效率，减少生产浪费。

对资源，尤其是生产资源、能源、人力资源的优化利用是信息物理系统最大的优点。当然，要将信息物理系统的优势发挥出来，相关员工还要拥有相关的技术与能力。

◆价值链横向整合

全球价值链横向整合是智能制造的第二大特征。价值链横向整合形成的新价值链是一个能实现实时优化的价值链网络，让价值链更加灵活、透明，以便更迅速地对各种问题、故障做出响应。

全球或本地的价值链与生产系统网络化非常相似，能借助信息物理系统实现连接，其内容涵盖了物流、生产、仓储、市场营销、销售、下游服务等多个环节。在该系统下，与产品相关的数据、信息都能保存下来，任何产品数据与产品的运行轨迹都可查询。这样一来，就形成了一个覆盖采购、生产、销售等环节，容纳了供应商、企业、客户等主体的透明的价值链。价值链环境下，不仅生产环节能实现定制，产品开发、组装、配送等环节也可以实现定制。

价值链的横向整合将衍生出一种新的商业模式与合作模式，届时，与知识产权保护相关的责任与法律问题将越来越重要。

◆全生命周期数字化

全生命周期数字化指的是数字化制造要用于整个产品生命周期，要在整个价值链中体现出来。对于智能制造来说，全生命周期数字化就是其第三个特征。

新产品经常需要配备新的生产系统或者调整后的生产系统。全生命周期数字化将促使产品开发、产品设计、产品生产等环节实现无缝衔接，让产品开发与生产系统相适应、相协调。在这个过程中，企业可以获取各个阶段的数据，打造更加柔性化的生产流程。

◆技术应用的指数式增长

技术应用的指数式增长是智能制造的第四个特征，它能推动个性化方案、柔性化生产，尽快实现成本节约。

智能制造对系统的要求较高，要求系统具有高度自控能力与认知能力。借助人工智能、传感技术、机器人技术，系统的自动化能力将大幅提升，大规模定制化将加速实现。其中，借助人工智能，工厂与仓库能实现灵活、高效的无人传送，供应链管理成本能得以节约，数据分析与生产将更加可靠。另外，利用人工智能，企业还能探寻到与设计、建造有关的新方案，增强人机服务的协同作用。

利用纳米材料与传感器，生产质量能得以有效控制，同时也为生产与人并肩协作的机器人带来了可能。

技术应用指数型增长的典型代表就是 3D 打印或增材制造的应用。借助 3D 打印或增材制造，工业能更迅速地朝智能制造转型发展，其本身也将更加灵活。另外，在 3D 打印的作用下还产生了新的生产解决方案、新的供应链解决方案与新的商业模式。

1.1.3 全球智能制造的主要发展趋势

2008 年金融危机结束之后，世界各国都加大了在科技创新领域的投入，引发了一场全球性的技术革命，这场革命有三大特征——绿色、低碳、智能。在这种背景下，智能制造一定会为全球制造业的转型发展带来深远影响。

智能制造（Intelligent Manufacturing，IM）是先进制造过程、制造系统与制造模式的总称，它以新一代信息技术为基础，对新能源、新工艺、新材料进行整合，全面深入制造活动的各个环节，具有精准控制自执行、信息深度自感知、智慧优化自决策等功能。

从本质上看，智能制造就是虚拟网络与实体生产的相互渗透：一方面，在信息网络的作用下，制造业的生产组织方式将得以彻底改变，制造效率将得以大幅提升；另一方面，作为互联网的延伸与重要结点，生产制造将使网络经济的范围与效应得以进一步扩大。

简单地说，智能制造是一种最新的制造业模式，该模式以网络互连为依托，以智能工厂为载体，能有效缩短产品研发周期，降低企业运营成本，提升产品的生产效率，保证产品质量，减少产品生产的能源消耗。

从软件与硬件结合的角度来看，智能制造是一个将虚拟网络与实体物理结合在一起的制造系统。这两者的结合是智能制造的显著特征，德国的“工业 4.0”、美国的“工业互联网”等都体现了这一特征。

智能制造这一概念被提出的时间非常早，早在 20 世纪 80 年代末信息技术还未在人类生产生活中发挥出巨大威力时，欧美等发达国家或地区就已经提出了智能制造的概念。进入 21 世纪以来，随着互联网、大数据等信息技术的发展，资本不断积累，制造业面对的制约因素（资源环境压力、劳动力成本增加等）越来越多的情况下，智能制造市场呈现出了爆发增长之势，并显现出一些全新的特征。

◆互联网技术推动制造业智能化实现

广义的互联网包含了一系列新技术，如互联网技术、大数据、云计算等。只有依托于互联网，传感器设备才能实时感知信息；只有依托于宽带网络，数据的精确控制及远程协作才能实现；只有依托于互联网应用，制造业与服务业的边界才能被打破，才能实现深度融合。只有以这些技术为基础，智能制造才有可能成为现实。

美国就是以移动互联网技术的应用为基础推行先进的制造业战略，并对下一代机器人进行开发的；谷歌公司也是以互联网基因为依托发展智能制造业的。由此可见，互联网技术是智能制造实现的主要推动力。

◆系统将具备自适应能力与人机交互功能

借助工况在线感知、装备自律执行、智能决策与控制，智能制造能增强自适应能力，自动适应周围的环境。同时，借助不断发展的人工智能与仿真等技术，智能制造系统将自动生成故障解决方案，人与系统将形成协同的合作关系，最终让人机交互、系统交互成为现实，让人脱离简单重复的劳动，从事更具创造性、拥有更高附加值的生产活动。

◆跨国公司将持续加大在智能制造方面的投入

一方面，互联网企业将继续在实体经济领域投资，将自身信息技术方面的优势充分发挥出来。例如，谷歌收购机器人研发生产公司、收购人工智能公司与智能家居公司，将智能制造开拓成自己新的业务领域。

另一方面，顺应市场发展趋势，传统制造企业也将在智能制造领域注入大量资金，实现转型升级。例如，富士康推出“百万机器人”计划，2018 年要让 70% 左右的人力劳动被自动化设备与机器人所取代。

◆智能制造装备将实现广泛应用

世界机械联合会提供的数据显示，2015 年，全球工业机器人销量达到了 24.8 万台，同比增长 12%，亚洲市场增速最快，中国市场机器人销量同比增长了 17%，日本增长了 20%，韩国增长了 50%。并且，随着人工智能技术，新材料技术，信息传输、存储、处理技术的迅猛发展，工业机器人正在朝智能化方向发展。

首先，机器人被装配了传感器，具备了人工智能能力，能够对环境进行自动识别，逐渐摆脱对人的依赖。其次，借助智能工业机器人，未来，无人工厂能根据订单要求对产品生产流程及工艺进行自动规划，自动完成生产任务。最后，借助高速网络与云存储，机器人能成为物联网的终端与结点。未来，待信息技术发展到一定程度之后，工业机器人将以更好的方式接入互联网，构建一个规模更大的生产系统，届时，多台机器人相互协作共同完成一件生产任务将成为现实。

◆中国将成为最大的智能制造装备市场

中国机器人产业联盟提供的数据显示，2015 年，我国工业机器人售出 6.8 万台，增速为 18%；2017 年，我国工业机器人销量将超过 10 万台，增速保持在 15% 以上。从全球来看，2009 年至今，全球机器人市场以超过 20% 的速度增长；2013 年至今，我国机器人市场的增长速度超过了 50%，2014 年甚至达到了 54%，远超日本成为世界最大的机器人需求国。

虽然，我国对机器人的需求非常大，但是我国机器人的密度却非常低，仅为 30 台 / 万人，这与德国、日本等国家的差距非常大。由此可知，未来，世界各国的机器人制造商都将聚焦我国的智能装备需求市场，我国将成为全球最大的智能制造装备市场。

1.1.4 智能制造对全球制造业的影响

◆推动制造业生产方式变革

建立在互联网、智能制造装备、大数据基础上的智能制造能对事物做出更快、更准确的感知、反馈、分析与决策，能使顾客的个性化需求得到极大的满足，能开展柔性生产。这种产品生产方式与大规模订单生产方式有很大的区别，智能制造为大规模定制化生产带来了可能。并且，随着互联网、人工智能、大数据等信息技术的发展，这种生产方式将在不久后成为现实。例如，大众汽车推出的“模块化横向矩阵”生产战略，借助标准化部件参数，让一条生产线根据市场需求生产出款型各异的汽车，以满足客户的个性化需求。

◆创新全球供应链管理

智能制造的生产方式下，整个产品生产过程融入了人机互动、3D 打印、智能物流管理等先进技术，它为企业在世界范围内对资源进行优化配置提供了可能。以新一代互联网技术为基础，一个虚拟的产业集群即将诞生，全球供应链管理即将实现网络化、虚拟化。另外，借助 3D 打印技术，通过互联网，消费者能将自己需要的产品“打印”出来，届时，传统的大型工厂就要想方设法地应对海量小型社区生产者的挑战。

◆推动制造业服务化转型

未来，智能制造将贯穿产品制造的各个环节，届时，消费者不但能定制产品，还能参与到产品设计、产品生产等环节中来，对产品加工制造、物流销售等环节进行监督，随时参与并做决策，对各功能组件进行自由调配。同时，制造企业也能生产各种契合需求的制造服务，对生产要素进行优化配置。也就是说，在智能生产模式下，制造商不仅能为用户提供产品或附加服务，还能为用户提供一个“产品服务包”，从产品提供者朝服务提供者转变。

◆ **加速制造企业成本再造**

智能制造将进一步提升生产工艺与供应链管理效率，减少能源消耗，通过系统的自我完善进一步保证产品质量，提升产品的合格率，缩短产品设计、研发周期，打造快捷化、服务化的产品，为企业带来更多市场价值。这些都将进一步改变企业的成本结构，使其发生显著变化。

1.2 我国智能制造的发展进程、瓶颈与对策

1.2.1 我国推动智能制造的发展进程

随着中国工业化进入发展后期，一系列新的发展特征逐渐显现，为了更好地应对新科技革命与产业革命带来的挑战，我国政府与企业推出了一系列政策、措施来推动智能制造迅速发展，实现普及应用。

◆ **智能制造战略框架逐渐完善**

为了推动智能制造更好地发展，我国政府出台了一系列政策、措施，使得我国智能制造战略的框架逐渐清晰与完善。

2010 年 10 月，国务院发布了一项关于战略性新兴产业如何培育、如何发展的决定，明确提出要大力发展七大战略性新兴产业，包括节能

环保产业、新能源汽车产业、新兴信息产业、生物产业、新能源产业、高端装备制造业、新材料，其中高端装备制造业将智能制造装备视作了重点发展方向。

2012年5月，一项关于高端装备制造业发展的“十二五”规划问世，该规划明确了智能制造装备领域四类重点发展产品，分别是智能仪器仪表与控制系统、高档数控机床与基础制造装备、关键基础零部件、重大智能制造成套装备。

2012年4月，科技部发布了关于智能制造科技发展的“十二五”规划，明确了智能制造科技发展的五大阶段性重点任务，分别是基层理论与技术研究、制造过程智能化成套技术与装备、智能化装备、系统集成与重大示范应用、智能制造集成技术与部件。

2011—2014年，国家发改委连同财政部与工业和信息化部全面落实了《智能制造装备发展专项》，对自动控制系统、伺服和执行部件、工业机器人等智能装备进行重点突破，从金融财税政策方面加大了对智能制造的支持。

2015年3月，智能制造试点示范专项行动正式启动，对智能制造综合标准化体系建设进行了全面部署。同年，“中国制造2025”升级为国家战略，提出要推进新一代信息技术与制造业融合，推动智能制造迅速发展，增强我国制造业的竞争力。

随着一系列国家政策、国家战略、国家规划的出台与落地，我国智能制造的重点发展方向与发展领域逐渐明确，智能制造战略框架逐渐完善。

◆发达地区率先发展智能制造

自改革开放以来，历经三十多年的发展，东部发达地区制造业的供给要素发生了翻天覆地的变化。近几年劳动力制约、能源制约、土地制约相继出现，我国制造业迈进了一个全新的发展阶段。在该阶段，制造业要发展，必须以技术进步与产业变革为驱动力，于是，对智能制造产生了迫切需求。受需求拉动，发达地区的地方政府率先制定了关于推进智能制造发展的计划。例如，2012 年，浙江省开始推行“全面推进机器换人”项目，并为这一项目注资 5000 亿元，2017 年开始全面落实这一项目。自 2014 年始，广东东莞每年投入 2 亿元对企业的“机器换人”计划进行扶持，现如今，已有大量机器人在生产线中得到了应用。

另外，受政策扶持，机器人制造商越来越多，广东、江苏、上海等多个省市都成立了“工业机器人产业技术创业联盟”。中国机器人产业创新联盟于 2013 年 3 月在北京成立，随着这一联盟的成立，我国智能制造产业也迈进了一个全新的发展阶段。

◆国内领先制造企业加速智能制造布局

2012 年，海尔数字化互联网工厂进入了规划建设阶段，对智能制造模式的创新进行了探索。截至目前，海尔已建成了两大支撑平台（众创汇用户交互平台、海大源模块商资源平台）、四大互联工厂（沈阳冰箱工厂、佛山洗衣机工厂、郑州空调工厂、青岛热水器工厂），开始推行大规模定制化生产模式，这与“工业 4.0”的智能制造之路相契合。

在海尔的数字化互联网工厂中，用户可以从多个终端进入工厂的交互平台，对大规模定制化生产的全过程（定制下单、订单下线、订单配送等过程）进行实时追踪。在这种生产方式下，用户一改被动接受的角色，转变为产品的设计创造者。而位于生产制造另一端的零部件供应商升级为模块商，直接与用户需求对接，和用户一起设计产品，对产品的增值空间进行拓展。总之，海尔的互联工厂对家电业的制造模式进行了创新，引领了全球家电制造业智能制造的发展。

在汽车生产领域，奇瑞在汽车智能制造方面做出了成功示范。为了做好智能生产，奇瑞建立了机器人公司，将自主研发的200台机器人投入生产，打造了一个初具规模的工业机器人产业化基地。

在通信设备领域，中兴、华为引领了智能制造，其中，中兴建设了25条全自动生产线用于智能手机生产，并在多个环节实现了全自动化生产。

1.2.2 我国智能制造转型面临的挑战

我国工业制造业在向智能制造的转型升级过程中面临着诸多挑战。

◆“两化”融合的整体水平有待进一步提升

完善的信息化基础设施建设是发展智能制造的基础支撑。然而，我国的信息化发展在不同区域、不同行业、不同企业间呈现出不平衡的状态，一些地区、行业和企业已经开始探索“工业4.0”的智能制造路径，而更多行业或企业却仍处于3.0阶段的电气化甚至2.0阶段的机械化、半机械化水平。发展智能制造首先需要加快推进“两化融合”，进一步完善互联网基础设施建设，提高社会整体信息化水平，为制造业的数字化、网络化、智能化转型提供有力支撑。

◆智能制造的基础研发能力相对较弱

我国尚未完全建立起以企业为主体、市场为导向、产学研有机结合的研发创新机制，自主创新能力较弱，我国在高端传感器、操作系统、关键零部件等智能制造所需的软硬件方面受制于人，从而在很大程度上影响了制造业的智能化转型升级。

◆智能制造生产模式尚处于起步阶段

长期以来形成的发展习惯使我国企业更喜欢利用低廉的劳动力成本优势在国内外制造市场中打“价格战”，多数企业并没有利用智能设备取代人工劳作的意愿和动力，即便有些企业引入了智能制造设备，也多停留在浅层次的应用阶段。发展智能制造，不只是简单地引入智能设备和技术，更重要的是培养企业构建智能制造系统的战略思维，发挥智能制造在价值链整合与商业模式创新方面的巨大功能，推动智能制造模式在更多企业中的广泛深度应用。

◆智能制造标准、工业软件、网络信息安全基础薄弱

在制造产业尤其是高新技术产业竞争中，行业标准是工业强国、巨头企业争抢的重要内容，谁能在产业标准和规则制定中占据主导地位，谁就可以在市场竞争和价值分配中拥有更大的话语权。例如，首先提出“工业 4.0”概念的德国，不仅在本国和欧盟积极进行“工业 4.0”的标准化工作，还在国际标准化组织中专门成立了“工业 4.0”咨询小组，希望通过主导产业标准与规则的制定，在未来的全球工业制造市场中拥有更大的影响力和话语权。

我国的制造业规模虽位居世界第一，但在全球产业价值链中，不论是主导制定的制造业国际标准数量，还是国际市场对中国标准的认可度，中国都无法与德国等工业强国媲美。同时，我国发展智能制造还面临着工业软件开发缺乏自主知识产权、网络信息安全基础薄弱等痛点。例如，当前国际工业制造业中较为常用的几个产品生命周期管理（PLM）软件是德国西门子、美国 PTC 或法国达索公司研发的。

◆高素质复合型人才严重不足

高素质复合型人才匮乏也是传统制造转型智能制造的一个重要瓶颈，主要表现在经营管理层面，既缺少具有长远视野和前瞻思维的行业领军人物，也缺少高水平研发、市场开拓、财务管理等专业性人才；在制造企业员工组成上，初级技工多、高级技工少，传统型技工多、现代型技工少，单一技能的技工多、复合型技工少；在国家产业战略层面，缺少能制定智能制造标准、进行国际谈判和相关法律法规建设的高级专业人才。

1.2.3 促进我国智能制造发展的建议

随着新科技革命的到来，我国智能制造产业迎来了一次重大的发展机遇。我国智能制造企业要把握这一机遇，吸收、借鉴国外的先进经验，从智能制造切入，推动我国产业技术不断升级，引导制造业的竞争优势从传统要素优势向技术优势转变。

◆将基础系统软件开发与标准制定纳入顶层设计

未来，智能制造将以软件系统开发为核心实现发展，例如，德国智能工厂以信息物理系统为基础进行建设；西门子、GE 等企业朝服务化转型，从为用户提供产品转变为为用户提供解决方案；谷歌在机器人操作系统研发与标准建设方面投入了更多的人力与物力。

我国智能制造核心零部件、高端设备、成套生产线依赖进口的主要原因是我国缺少自主工艺数据库与专家系统，使得我国智能制造产业的发展深受制约。所以，我国智能制造企业必须做好基础软件系统的开发工作，制定标准，形成自主研发系统，打破国外操作系统对我国硬件制造的制约。

◆攻克关键核心技术，打造自主机器人品牌

我国机器人产业的发展时间较晚，受发展阶段、发展条件、发展目标差异的影响，机器人产业难以再延循“用市场换技术”的旧路发展。所以，我国机器人制造企业必须攻克关键技术，加大对技术研发成果的保护力度。同时，还要培育一批具有世界影响力的大型企业，发展一批具有超强创新力的中小型企业，增强我国机器人品牌的国际竞争力。

◆培养技能工人，利用全球人才资源

美国为智能制造发展颁发的一系列法规、文件都将提升劳动者素质作为主要内容，借助培训提升其劳动技能，以满足智能制造等先进技术发展的需要。借鉴美国的做法，我国也要大力发展与智能制造相关的职业技能教育，培训相关从业人员，以不断满足制造业变革发展对人才的需求。同时，我国还要在世界范围内广泛地吸收人才，尤其是高级人才，以全球的人才资源助力我国智能制造的发展。

◆完善落实相关政策，鼓励技术创新

美国、日本、欧洲等国家和地区的智能制造都得到了政府的大力支持，政府在智能制造研发创新领域投入了大量资金。例如，2006—2010 年，日本政府每年投入 1000 万美元用于攻克服务机器人的核心技术；美国政府对每个制造业创新研究资助 7000 万 ~ 1.2 亿美元。

为了刺激智能制造的发展，我国也要完善相关政策并将其落到实处，如在财政、税收等方面加大对智能制造产业的扶持，为智能机器人研发设立风险准备金，激发相关企业的创新活力；政府要加大对国产智能制造装备的采购，给予一定的保护期；选择一些优势地区与行业开展试点，对新模式、新方法进行探索，逐渐实现普及应用，等等。

1.2.4 我国实施智能制造的五大关键

我国实施智能制造在组织统筹与发展策略方面，要对国家、企业、地方的分工定位、工作任务做出进一步明确，具体来说就是，国家主导，地方组织，企业实施。

★在国家层面，要以各项与智能制造有关的法规、文件为依据，做好宏观指导，制订年度发展计划，对智能制造发展过程中遇到的问题进行研判，为我国智能制造的发展导航。

★在地方层面，要对本省市的产业特点、产业发展优势、产业发展劣势进行综合考虑，制订具体的行动计划来指导智能制造发展，创造良好的产业发展环境，将国家颁发的与智能制造有关的方针政策落到实地，为产业发展服务。

★在企业层面，要以实际需求为依据，明确智能制造发展的关键环节，突破制约智能制造发展的关键问题，鼓励企业一面解决智能制造的发展问题，一面树立标杆。完善标准，推动智能制造在行业和地区快速发展。

具体来看，智能制造的发展要做到以下五点。

第一，组建专门的工作小组负责智能制造的实施，构建一个龙头企业、科研院所、行业协会等主体参与的组织体系，负责统筹、协调智能制造在各行各业的实施、应用，以少数企业为试点，根据不同的行业有针对性地对智能制造的发展路径进行规划。根据我国制造业发展实际，尊重客观规律对智能制造进行规划，推动试点示范工作有序开展。智能制造的落地推行是一个循序渐进的过程，政府要加强引导，不要炒作概念，不要盲从，以免出现“高端产业低端化、低端产能过剩”等问题。

第二，重点关注智能成套装备的发展，做好系统顶层设计，以链条的形式制定解决方案，系统化地组织方案实施。传统产业的智能化改造，智能制造的落地实施，其基础就是智能制造技术装备，由此可见，智能高端装备拥有巨大的市场。《中国制造 2025》行动纲要就提出了很多关于自主创新、核心装备自主可控等措施。

第三，在关键技术方面，企业负责出题，国家负责整合优势科研资源，听从总体协调推进工作组的指令，集中力量取得突破性进展。企业负责出题的根本原因在于，关键技术需求是从生产制造的过程中产生的，这一安排体现了问题导向。在具体实践方面，可以邀请专家到企业开展调研，邀请企业家参与并召开行业座谈会，鼓励企业提出与关键技术有关的需求，等等。例如，在总体协调推进工作组中给企业留出一定的席位，搭建一个平台为企业出题提供方便。

第四，构建国家智能制造数据中心，完善国家大数据库，为智能制造的发展提供支撑，根据行业特点，有针对性地建设智能制造标准库。智能制造的发展需要依赖三大基础——标准、工业互联网与核心支撑软件。目前，这三大基础已获得普遍认同，但数据的作用尚未得到关注。事实上，智能制造的感知、处理、反馈、决策等都与数据密切相关，对于智能制造来说，大数据就是核心。智能制造产业的大数据需要积累、总结，所以要提前准备、布局。首先，要建设国家数据中心，打破信息孤岛，推动信息流通与数据交换，实现数据共享；其次，要建立具有权威性的语义化描述与数据字典标准，进一步强化基础支撑，使大数据得以有效处理与利用。

第五，借企业智能制造试点为行业推广奠定基础，在试验的过程中形成标准体系。企业是创新的主体，也是智能制造试点的主体。凡是承担智能制造试点项目的企业都是各细分行业的领军企业，从行业竞争角度出发，这些企业不会主动在行业内推广使用关键共性技术，但可以引导符合标准的企业参与到建设技术标准体系中来。

作为一个公共产品，技术标准是科研成果的固化，引导科研成果向产业化转化。通过技术标准的制定、宣传与贯彻落实，智能制造试点示范成果能得以进一步推广、应用。

第 2 章
“中国制造 2025”：全面实施制造强国战略

2.1 实施背景：突破中国制造“大而不强”的局面

2.1.1 制造业“大而不强”的瓶颈现状

如今，科技对经济社会发展的推动作用越来越明显，制造业将科技成果以实物的形式展现出来，成为各国比拼技术创新能力的主赛场。同时，在这个赛场上，还开展着一场经济结构调整、产业转型升级大赛。

对于实体经济来说，制造业是主体；对于国民经济来说，制造业是支柱；对于创新驱动、转型升级的中国经济来说，制造业是主战场。在新时期，如何从制造大国转变为制造强国是我国经济发展的主课题。为此，中国工程院与工业和信息化部联合启动了《制造强国战略研究》项目，对制造大国向制造强国转变的策略进行了深入探究。

具体来讲，“制造强国”有两层含义：第一，借制造业的发展增强我国的整体国力；第二，从制造大国转变为制造强国。从这些方面来看，“中国制造 2025”的意义极为深远，它是调动全社会力量打造制造强国的总攻略。

相关数据显示，我国于 2012 年成为世界制造大国，因为那一年我国制造业的增加值达到了 2.08 万亿美元，在全球制造业中所占比重达到了 20%，与美国并肩。2012 年，在中国工业主营业务总收入中，制造业主营业务收入占比达到了 86.7%；在全国货物出口总量中，工业制品占比达到了 95.09%，制造业是名副其实的国民经济支柱。

一方面，我国要推进战略性新兴产业与先进制造业迅猛发展，推动传统产业快速转型升级；另一方面，我国要推动现代服务业迅猛发展，以现代制造服务业的发展来实现产业结构调整。

2008 年国际金融危机之后，世界制造业的分工格局发生了新变化，我国制造业面临着一系列突出问题，如缺乏自主创新能力、产品质量出现问题、资源利用率较低、产业结构不合理等。

导致这些问题出现的外因有两个：一是欧美发达国家和地区推出了“再工业化”战略，采取了一系列措施继续在技术、产业方面领跑，抢占了制高点，将我国远远甩在后面。二是印度尼西亚、越南等国家以劳动力成本低的优势承接了许多发达国家的劳动密集型产业，占据了制造业的中低端市场。在这种情况下，我国制造业不仅要应对发达国家的冲击，还要应对发展中国家的挤压，面临的形势异常严峻。

对于我国制造业来说，新一轮工业革命是一次重大的机遇，也是一场产业变革，这场变革实现了信息技术与制造业的深入融合，围绕制造业的数字化、网络化、智能化，以物联网和务（服务）联网为基础，将新能源、新材料等方面取得的新成就成功地叠加在一起，推动世界制造业发生历史性变革。在这种形势下，我国制造业要紧抓机遇，落实“中国制造 2025”战略，加速工业化进程，加快制造强国的建设。

2.1.2 “低成本优势”正在逐渐消失

我国的工业化之路历经三十余载，现如今，中国制造吸引了全世界的关注。我国的工业化与其他国家的工业化一样，在新时期面临着新困难、新挑战，如比较优势减弱、转型乏力、生产过剩、工业革命浪潮的冲击等，具体分析如下。

随着时间的推移，我国的人口红利高峰期即将逝去，劳动力供求关系将随之改变，工资将进一步增加。比较中国与美国，综合考虑美国的生产率，我国沿海地区与美国低成本地区的劳动成本差距将逐渐缩小。如果成本差距属于中长期影响因素，那么其在全球价值链中的位置就是直接影响因素，对中美两国制造业的竞争力有着关键性的影响。

自 21 世纪以来，我国工业在跨国公司的主导下，在逐渐成形、高度细分的产业价值链纵向分工方式（产业间分工、产业内分工、产品内分工并存）的影响下，新一轮产业革命开始在国家间转移。产业链纵向分工高度细分，在整个产业链中，实力强大的跨国公司把持了产品研发、品牌销售等高利润环节，加工、组装、制造等消耗人力且成本较低的环节被转移到了发展中国家。例如，美国将墨西哥视为新的产业基地。

现如今，中国制造业规模已跃居全球第一，这一点毋庸置疑。据统计，中国的制造业在全球制造业中占比 19.8%，但中国制造业的研发投入却不足世界制造业研发投入的 3%。并且，从整体来看，我国工业生产技术水平较低，创新能力不足，技术与知识密集型产业还没有较强的国际竞争力，工业劳动生产率和国际先进水平之间的差距还比较大，工业企业的规模较小，可持续发展能力不足，在很多传统企业中，“贫困化”增长现象都存在。

例如，2008—2010 年，我国年均 GDP 增速为 9.9%，超 2/3 的经

济增长总量都用在了资本积累方面。如此大规模的投资非但没有提升资本效率，反而导致资本效率下降。20世纪90年代，我国的资本产出率为3.79；2000—2007年，我国的资本产出率已增长到了4.25；2008—2009年，我国的资本产出率已增长到了4.89，资本扩张对生产率增长所产生的挤出效应非常明显。

2.1.3 我国制造业创新研发投入不足

截至目前，我国制造业的发展趋势与其他工业化国家制造业的发展规律大体趋同，并开始赶超一些国家。通过对已出现的行业峰值时点的分析可发现，我国制造业的发展趋势与国际经验高度吻合。

在金融危机之后，新一轮产业革命兴起，这场产业革命是一场数字化革命，也是一场价值链革命。将互联网、机器人技术、物联网、3D打印、人工智能、新型材料作为切入点进行多点突破，引导它们进行融合互动，将进一步推动新产业、新模式、新业态兴起，将创造一个大规模生产世界。在这场革命中，不仅产品制造方式会受到影响，产品制造地点也将受到影响，全球产业竞争格局将得以重塑。

现如今，美国以及欧洲一些国家和地区正在实施“再工业化战略”，开始推动制造业回流，在这个过程中，信息技术、云计算、大数据、工业互联网、“工业4.0”等技术给我国制造业带来了巨大冲击。制造企业研发投入不足有两大表现：一是系统集成研发投入不足；二是关键共性技术开发投入不足。

在系统集成研发投入方面，我国的智能制造缺乏世界级的服务商、集成商，如华为、中兴一般在研发方面投入巨资，掌握核心技术与产业主导权的企业可谓凤毛麟角，所以，龙头企业要加大在系统集成研发方面的投入。

在关键共性技术开发投入方面，智能制造涉及很多技术，这些技术的开发难度较大，且对配套支撑产业有非常高的要求。在这种情况下，企业在某单一技术或产品研发方面的投入都需大幅增加。目前，在关键共性技术开发方面，国内很多企业都采取了观摩、跟随策略，有些企业甚至采取了低价同质竞争策略，使得关键共性技术研发的动力不足。

2.1.4 我国制造业技术瓶颈亟待突破

我国工业化起步时间较晚，技术积累不足，先进技术的产业化能力也有所欠缺，使得我国智能制造产品与系统的发展面临着严重的技术瓶颈。

◆关键零部件依赖进口，国产智能制造装备无价格优势

工业机器人是智能制造的核心装备，下面就以工业机器人为例进行分析。我国工业机器人生产需要的很多核心零部件，如精密减速机、伺服系统、控制器、高性能驱动器等基本上依赖进口，在机器人生产总成本中，这些零部件成本所占比例超过了70%。其中，75%的精密减速器要从日本进口，在国内，高价购买费用占生产成本的45%，而在日本购买费用仅占生产成本的25%。也就是说，我国企业花费在这些核心零部件上的费用已足够购买一个国外同款的机器人。所以，在高端机器人市场上，面对国外机器人品牌，我国机器人品牌的竞争力微乎其微。

我国大部分机械零部件企业都无法生产高端产品，难以满足高端智能装备产业的发展需求。并且相较于负责组装、装配的制造业来说，这些产业的升级难度非常大，需要的时间也非常长。在短期内，我国智能制造装备生产需要的核心零部件仍需要进口，但是进口零部件的成本必须降低，以稳定采购渠道，打造多元化的采购渠道。

◆软件系统发展滞后制约了智能化水平的提升

我国与发达国家的差距不仅体现在硬件的制造技术方面，还体现在软件技术水平方面。一直以来，我国存在着非常严重的“重视硬件制造，轻视软件开发”的思想，所以，我国智能装备制造企业的软件开发水平普遍不高。

近年来，虽然我国制造企业与软件开发企业的系统集成能力越来越强，但很少有企业、科研机构致力于智能制造基础软件系统的开发，很多高端产品，如机器人、数控机床等使用的都是国外的软件系统，国内软件企业的开发活动主要聚焦消费产品市场。随着跨国企业在智能制造装备模块化生产与操作系统研发方面的布局，我国智能制造装备制造产业将因基础操作系统缺失而面临巨大的风险。

◆跨国公司挤压国内企业的发展空间

目前，在智能制造领域，跨国公司垄断势力已基本形成，制约了后进入智能制造领域国家的智能制造产业的发展。虽然，我国对智能制造装备的需求已名列全球第一，但在我国智能制造装备市场上，ABB、YASKAWA、FANUC等巨头占据了七成多的市场份额，在高端市场上，近九成的产品依赖进口，国内没有一家智能制造企业拥有世界影响力。

近年来，随着我国智能装备市场迅速增长，越来越多的跨国公司开始以合资或者独资的方式在我国经济发达地区建立工厂，在我国市场进行战略布局。虽然，跨国公司的这一做法带动了我国智能制造产业的发展，推动了相关技术的进步，但也使国内品牌、国内企业的发展空间受到了挤压。

2.2 实施路径：推动“中国制造 2025”全面落地

2.2.1 “中国制造 2025”战略落地策略

以德、美、英、法等主要工业化国家为参照，对其历年制造业综合指数进行计算，用该指数表示一个国家制造业的综合竞争力在世界所处的位置。通过分析综合指数可发现：美国处于第一方阵，遥遥领先；德国、日本位于第二方阵；中国、韩国、英国、法国位于第三方阵。

◆我国制造强国建设的 3 个阶段

在国际政治经济格局稳定的形势下，对美国、德国、日本等处于第一二方阵中国家的工业化进程各阶段综合指数的增长率与我国 GDP 的增长率进行综合考虑，构建与我国国情相符的综合指数预测模式，预测未来 30 ~ 40 年我国制造业综合指数的发展趋势，最终得出我国制造强国建设的 3 个阶段：

第一个阶段：到 2025 年，中国制造业要进入世界第二方阵，成为制造强国中的一员；

第二个阶段：到 2035 年，中国制造业要进入第二方阵前列，成为真正的制造强国；

第三个阶段：到 2045 年，中国制造业要进入第一方阵，提升作为制造强国的影响力与领导力。

在制造强国建设的过程中，要想实现第一个阶段的目标，首先要做好两件事：第一，依托于改革开放，对科技体制改革进行深化，将市场的决定性作用充分发挥出来以做好资源配置，创新经济体制，将制造业的发展活力与创新动力激发出来；第二，以创新为驱动力，将“中国制造2025”战略落到实处。

◆“中国制造2025”战略落地策略

为了让“中国制造2025”战略更好地落地，中国要将市场与政府的作用充分发挥出来，对各种优势资源进行统筹利用，以“创新驱动、绿色发展、质量为先、结构优化”为方针构建行动方案。具体来看，“中国制造2025”战略的落地可分以下步骤进行。

第一步，分两步推行数字化制造、网络化制造与智能化制造。首先，在2020年之前，将数字化制造在大范围内推广，在优势行业中选择一个重点企业率先应用智能制造，以发挥示范作用。其次，在2020年之后，将智能制造全面推广开来。集中各方力量重点发展关键部件与装备，如数控系统、传感器、工业机器人、高档数控机床等；鼓励与智能制造有关的机械产品与装备率先实现突破；推动数字化工厂、车间、企业实现试点应用。

第二步，提升产品的设计能力。推动先进设计技术实现广泛应用，引导工具软件进行开发设计，面向设计资源构建共享平台，从代加工转变为代设计，推动自创产品品牌出口，制定相关政策鼓励创新。

第三步，完善制造业的技术创新体系，将企业打造为技术创新的主体，加大对产业共性技术的研究，做好创新人才的培养工作。

第四步，强化制造基础。制造业有四大基础，分别是核心基础零部件、先进基础工艺、关键基础材料、产业技术基础，产品质量在很大程度上取决于这四大基础的水平。所以，制造企业应予以高度重视，在产业需求、技术变革的引导下，在标准化的基础上，朝着专业化的方向强化工业基础。

第五步，提升产品质量，做好质量监管工作，构建质量诚信体系，促使重大装备的质量趋于稳定、一致，做好品牌建设。

第六步，推行绿色制造。推动流程制造业朝着绿色制造的方向发展，构建循环经济链；对节能环保产品、工艺与装备进行开发、推广；推动再制造工程发展。

第七步，增强企业群体或优势产业的国际竞争力。推动战略性新兴产业、先进制造业迅猛发展，推动传统产业快速转型升级，增加高端制造业的市场份额。

第八步，推动现代制造服务业迅猛发展。引导制造业脱离传统的大批量、流水线的生产模式，朝定制化规模生产转型升级，推动其产业形态从生产型制造业转变为服务型制造业。

“中国制造 2025”战略最终要达到基本实现工业化，成为制造强国中的一员，完成中国制造的转型升级的目标。具体来看，其目标为推动制造业增加值上升为世界第一；主行业的产品质量水平与国际先进水平趋近；打造一批国际知名品牌，拥有自主知识产权；做大做强一批优势产业，引导其率先实现突破；让部分战略产业率先拥有核心技术，无限接近国际先进水平。

2.2.2 强化智能制造的顶层设计与布局

“中国制造 2025”已正式推出，规划、设计了我国制造业未来十年的发展路线，其基本思路是通过结合工业技术与信息技术，推动我国制造业转型、升级，到 2025 年使我国成为现代工业强国中的一员，使“中国制造 2025”成为强国战略。

◆做好顶层设计，攻克关键共性技术难关

对我国制造业来说，先进制造业是其转型升级的关键路径，也是其在新工业革命时期参与国际竞争的主要力量。所以，我国要从国家层面出发对其进行战略部署，做好顶层设计，攻克关键共性技术难关。

首先，要站在国家层面制订先进制造业总体规划，组建领导小组，做好组织协调工作，整合优势力量与科技资源，形成合力以创新制造业技术。

其次，绘制路线图以引导关键共性技术发展，创新智能机器人、3D打印、新材料应用等新技术，推动其实现产业化应用。

最后，推动“工业强基专项行动”尽快落地，促使关键基础材料、先进基础工艺、核心基础零部件、产业技术基础发展水平得以快速提升，从重点领域切入以切实提升我国工业的基础能力。

◆加快工业化与信息化融合，推动制造业智能化尽快实现

未来20年，我国要转移信息产业的重心，从互联网内容与服务领域脱离出来，加强对物联网及其智能联动领域的关注。所以，我国要将智能联动作为战略支点推动工业化与信息化融合。要想做到这一点，首先，要对大数据产业开发予以高度重视，以前瞻性目光对核心智能制造技术进行布局；其次，要推动工业化与信息化融合，进一步扩大信息消费需求；再次，要加快《信息化与工业化深度融合专项行动计划》落地，促使智能制造生产模式得以集成应用，开发网络制造的新型生产方式；最后，要鼓励创新智能终端产品，增强创新能力以推动电子基础产业发展，促使软件行业的支撑水平得以快速提升，使信息消费内容得以极大丰富。

◆布局高端制造业

布局高端制造业是制造强国战略的核心内容。对于一个国家来说，高端装备属于“重武器”。所以，要推行制造强国战略，必须对高端装备制造业的发展予以高度重视，加快调整重点行业结构。目前，我国高端装备制造业有坚实的发展基础，载人航天工程、载人深潜器等都取得了重大突破，智能制造、海洋工程、先进轨道交通等新兴产业都实现了快速发展，我国高端装备制造业的国际竞争力得以显著提升。

在这种情况下，我国高端装备制造业要积极推行“走出去”战略。例如，高铁可借助各种资本运营方法，如异地投资、合资合作、兼并重组等输出产品、资本、技术、服务，改变过去单一地输出产品的情况。为了推动高铁更好地“走出去”，政府要发挥主导作用，建立覆盖设计、整车、施工、运营等内容在内的联合体，将高铁行业的整体优势发挥出来，形成国际级的产业力量，使设备出口转换为系统标准输出。

◆标准先行，以制定智能制造标准化为先

要掌握智能制造的发展特点与规律，对国内的标准化资源进行整合，借鉴德国与美国的发展经验，加快建设智能制造的标准化体系。例如，尽快绘制智能制造的标准化路线图，推进优先领域标准化制定工作的开展，构建工业化与信息化融合管理体系，并将其在企业范围内推广使用。

2.2.3 增强发展现代制造业的战略定力

现代化的核心是工业化，因此，从制造大国迈向制造强国也就成为我国实现工业化进而完成社会现代化的必然要求。新中国成立特别是改革开放以来，我国工业制造业取得了令人瞩目的发展成就，建立了覆盖全面的现代工业体系，工业产业规模跃居世界第一，实现了从落后的农业国到先进的工业国的转变，全球经济影响力不断提升。

在经济社会全面转型升级的新时期，我国提出制造强国战略，并出台《中国制造 2025》作为制造强国战略未来10年的行动纲要，纲领指明了我国从制造大国迈向制造强国的转型内容、方向和路径，成为实施制造强国战略的纲领性文件。

我国要实现“两个一百年”的奋斗目标，摆脱在全球产业价值链中的不利地位，甚至实现“弯道超车”，就必须以发展工业制造业为基础，通过“智能制造”实现从制造大国到制造强国的转变，在竞争日益激烈的全球制造业市场中形成自己的核心价值与优势。

我国必须始终把制造业作为经济社会发展的战略定位，不断强化发展制造业特别是先进制造业的战略定力，加快落实《中国制造 2025》行动纲要，从制造大国迈向制造强国，为实现国家现代化和民族复兴奠定坚实的物质基础。

2.2.4 把握制造业转型升级的路径方向

传统制造业的转型升级必须以新能源、新材料、生物技术、信息技术等前沿领域引发的新一轮制造业变革为方向指引，通过先进的互联网信息化技术与制造业的深度渗透融合，推动制造模式、组织方式、产业形态的变革重塑，实现传统制造的网络化、信息化、智能化升级，构建先进的制造体系。

就我国而言，基于新一轮互联网信息化技术的全球产业变革，既为制造业的转型升级带来了巨大的挑战与压力，也为制造业实现“弯道超车”、迈入制造强国提供了契机。

经过几十年的发展积累，我国在很多方面甚至一些前沿科技领域都已十分接近甚至不弱于发达国家水准，有能力和条件去把握新一轮的科技与产业革命，以实现制造业的创新发展，打造先进制造系统。

制造业在落实《中国制造 2025》行动纲要时，必须把握好产业升级的基本路径与方向：面对各部分发展水平参差不齐的情况，明确不同领域发展痛点和方向上的差异，做好 2.0 普及、3.0 补课和 4.0 赶超，强化工业基础能力，提高综合集成水平，积极借助最新的互联网信息化技术实现制造业的结构调整和动力转换，推动传统制造业的数字化、网络化、智能化，构建先进的制造业系统。

第一，加快先进互联网信息技术与工业制造业的深度渗透融合。利用移动互联网、物联网、云计算、大数据等新型信息化技术，对传统制造设备进行智能化、网络化、数字化改造，为传统制造产业注入新的生命力，推动产业升级；通过在研发、制造、管理、服务等全流程和全产业链中对互联网信息化技术的综合集成应用，培育新型生产方式，实现精准制造、敏捷制造、虚拟制造、网络化制造等。

第二，加快传统制造向智能制造的转型升级。通过智能核心装置的深度应用和产业化发展，实现制造车间和生产工厂的数字化、智能化，提高产品的自动化、智能化水平，构建一个自主可控、开放有序、更具生命力和竞争力的智能制造生态系统，加快发展高端制造业。

第三，基于日益兴起的新型信息消费形态，构建开放性的创业创新生态系统，获取“大众创业、万众创新”的深度价值，培育新产品、新业态、新模式，实现传统制造的网络化、信息化、智能化转型升级；有机结合自主研发创新与开放合作，加快打造互联网信息技术产业体系，完善互联网信息基础设施建设，建立健全网络与信息安全保障机制，通过两化的高层次深度融合，实现传统制造业向先进制造系统的转变。

2.2.5 全力促进重大决策部署贯彻落实

制造业的转型升级离不开相关政策的有力扶持。加快《中国制造2025》行动纲要的实施落地，通过短期鼓励政策与长期发展战略的有机结合，增强我国制造业的基础能力，充分激发制造企业特别是众多中小微企业的发展活力，不仅有利于推动传统制造业的智能化转型，建设制造强国，还有助于培育更多新的经济增长点，推动整体经济更好更快发展。

第一，针对不断增大的经济下行压力，制造业应从“国家制造业创新中心建设”“智能制造”“工业强基”“绿色发展”“高端装备创新”5个重点方向切入，快速上马一批需求紧迫、基础条件好、兼顾短期和长远效益的重点项目，吸引各方投资参与，培育新的消费热点，加快产品与技术升级，加强优势产能方面的国际合作，从而达到“调速不减势、量增质更优”发展状态。

第二，基于参与未来全球竞争的需要，将制造强国战略纳入国家整体发展战略蓝图，实现与创新驱动、人才强国、对外开放、军民融合、网络强国、“一路一带”区域发展等诸多战略的紧密结合与协同。投入更多资源精力提升研发、市场、企业和人才四大产业基础能力，制定鼓励中高端制造产业发展的政策体系，减轻制造企业经营负担，构建有利于先进制造业发展的政策体系与制度环境。

第三，充分发挥社会主义制度的优越性，加快“中国制造2025”的实施落地，尽快构建从中央到地方建设制造强国的工作机制和体系。国家制造强国建设领导小组负责统筹协调各方力量，在战略咨询委员会的决策帮助下，紧抓重点领域和关键环节，不断加大政策扶持力度，稳步推进传统制造业的技术创新、组织创新和模式创新，形成融合集成制造、精益生产、敏捷制造、虚拟制造和网络化制造的先进制造系统。

总体来看，在经济转型升级的历史拐点和关键期，我国迈向制造强国要以中国特色新型工业化道路为方向，以“创新、协调、绿色、开放、共享”五大发展理念为引导，增强战略定力、强化方针指引、把握路径方面、加大政策支撑，稳步推进制造强国“三步走”战略，最终促进制造业从大到强的转变。

第 3 章 工业 4.0：掀起新一轮的工业革命浪潮

3.1 解密德国“工业 4.0”的概念、特征及内涵

3.1.1 “工业 4.0”的发展理念与愿景

“工业 4.0”的概念源自德国政府，德国相关部门希望通过实施该战略，提高智能制造行业的发展水平，并维持自身在世界制造业中的优势地位。包括德国西门子、菲尼克斯电气在内的德国知名品牌供应商，都希望通过参与“工业 4.0”提升自身发展效益。

除了德国之外，欧洲许多国家都受到金融危机的影响，“工业 4.0”的开展，无疑让这些国家看到了经济振兴与发展的曙光。由此可见，“工业 4.0”战略的实施，在突出德国制造业竞争优势的同时，也代表着在全球制造领域中居于优势地位的国家对产业未来走向的引领，其将成为制造业今后的主流发展趋势。

通过对德国“工业 4.0”战略的分析与总结，国内制造业也能开拓自身的发展思路，还能积累优秀经验。

德国政府于2011年推出《高技术战略2020》，提出十大未来项目，“工业4.0”就被包含在其中。在2013年4月举办的汉诺威工业博览会上，“工业4.0”被正式提出，德国希望通过实施该战略，推动新兴技术的开发与应用，巩固德国在全球制造业中的领先地位。

怎样来理解“工业4.0”的概念呢？其具体是指，企业在信息技术、物联网技术、互联网技术持续发展的基础上，通过智能技术与网络技术的应用，优化对信息系统的管理，对消费者的多元化需求进行把握，在运营过程中通过调整商品价格、提高智能化发展水平，实现信息、企业、资源之间的高效互动，改革传统生产方式，实现结构优化，通过自身运营对接终端消费者的需求，推动传统制造业的转型升级。

德国是“工业4.0”战略的提出者，由于各个欧洲国家的工业化发展情况存在独特性，罗兰贝格咨询公司对“欧洲新工业4.0”进行了探索，并在《工业4.0——欧洲如何成就新工业革命》中梳理了这些特性。

“欧洲新工业4.0”主张经济参与者运用数字化思维模式，实现各个生产单位之间的互动，借助“工业4.0”技术，包括大数据、分布式能源、智能机器人等，提高企业生产的灵活性，实现各个环节与网络技术的深度结合，通过改革传统商业模式，不断提高企业的环境适应能力与整体竞争实力。

从本质上来说，“欧洲新工业4.0”战略指导下的工业革命，重点强调欧洲地区的经济振兴，提升欧洲地区的能源安全、竞争实力，在应用网络信息技术的基础上，进行新能源的开发与利用，并大力促进新兴经济的发展，对原有商业模式进行改革与创新，提升传统工业企业的附加值，实现经济结构的优化，从整体上推动传统工业的转型。

机械化生产、电力应用、信息技术的发展促成了前三次工业革命，今后，工业企业将聚焦于打造遍布世界各地的网络系统，利用信息物理系统实现机械化设备、仓储系统、企业生产之间的无缝对接，提高整体运营的智能化水平。

“工业 4.0”的开展离不开信息物理系统的支撑作用，该系统的应用能够有效提升传统制造业的信息化与智能化水平，提高企业在生产环节的运营效率。从某种程度上来说，信息物理系统相当于网络信息平台，平台的高效运营能够实现不同嵌入系统之间的信息共享与沟通互动，将不同生产设备连接起来，实现对其的自动化控制，降低人力成本的消耗。

3.1.2 “工业 4.0”的实施过程与特点

◆德国“工业 4.0”的实施过程

德国“工业 4.0”的实施过程可被总结为以下几点。

第一，加速实现智能化生产，将互联网技术与制造业相结合，实现 CPS（信息物理系统）与制造行业的结合发展。这是“工业 4.0”的核心。

第二，与优秀的供应商达成合作关系，为全球智能化建设提供先进的技术设备；培育新的市场策略，注重理论研究、技术开发与应用，切实推动企业的运营与发展，在市场竞争中掌握更多的主动权。这是“工业 4.0”的两个重点。

第三，企业要完善内部组织结构，提高整体应变能力，实现内部资源的整合利用。依托网络技术实现不同企业之间的互联互通，横向进行资源整合。促进社会各行业端与端之间的连接，利用数字化技术实现资源整合。这是“工业 4.0”的集成化发展。

第四，企业要根据具体需求，对生产环节的运营进行适当调整。企业要不断提高自身的产品识别能力，根据需求变化，对研发、生产等环节实时变通，实现对生产过程的实时性监测。这是“工业 4.0”的主要特征。

第五，建立一套适用于整个行业的参考标准。通过模型创建优化企业的系统管理。打造完善宽带基础设施，扩大其覆盖范围。建立健全相关机制体系。对传统组织结构进行调整。发展职业教育，为工业发展培养优秀人才。这是“工业 4.0”的有效措施。

◆德国工业 4.0 的特征分析

从制造业的总体发展历程，以及该领域在全球范围内的发展趋势，德国“工业 4.0”的特征可被概括为以下几点。

第一，发挥基础性作用。“工业 4.0”在德国未来发展战略规划中占据着重要地位，旨在充分利用德国的现有优势，使德国的制造业在国际上始终保持优势地位。一直以来，德国就十分注重本国的战略制定，近年来，德国不断促进各个部门间的协同合作，通过出台战略决策促进国家经济的发展，推动技术研发与创新。

德国于 2006 年出台“高科技战略”，于 2010 年 7 月推出《德国 2020 高技术战略》，2007 年，又明确将“工业 4.0”战略定为《德国 2020 高技术战略》的主导项目之一，体现出德国制造业在德国经济建设中发挥的基础性作用。“工业 4.0”战略的实施，能够为德国科研团队选择中长期工业科研项目提供方向指导，促进德国整体创新战略的实施，进一步巩固德国制造业的优势地位，为德国今后的战略部署打下坚实的基础。

第二，注重策略的制定。如今，国际市场上的竞争日趋激烈，各个国家采用的战略思维也存在许多共性，要在竞争中脱颖而出，就要制定差异化策略。除了德国之外，美国、日本等许多国家都积极促进制造业的转型升级。例如，美国早在2006年就开始对物理信息系统进行研究。欧盟委员会于2010年3月推出“欧洲2020战略”，计划投资800亿欧元用于战略实施，重点进行信息技术的研发与应用。日本也开始进行智能化建设，聚焦于人工智能的发展，并大力促进服务机器人的研发与应用。

面对激烈的市场竞争，德国进行了战略布局，并制定了相对应的策略，积极参与国际竞争，并通过联合其他国家实现资源整合。在“工业4.0”战略实施的过程中，德国在产品供应方面出台相关策略，并注重发挥市场的导向作用，在推出优质产品的同时，向用户提供配套服务，并在商业模式方面进行创新，这些能够为我国的发展带来有益启示。

第三，注重创新。要提高创新能力，不仅要突破传统思维模式，还要将长期发展过程中积累的优秀经验沉淀下来。工业企业在进行创新时，需要对工业化演变过程中的经验进行总结，坚持核心价值理念。在德国的工业制造领域，大约九成的工业制造需要依靠常规的信息与通信技术维持正常运转。所以，德国在实施“工业4.0”战略的过程中，集成了传统工业发展过程中的优势方面。此外，德国通过打造社会服务平台，将分散的资源集中到一起，在此基础上实现了进一步创新。

德国“工业4.0”是从整体上促进制造业的转型与升级，可被视为德国启动的“再工业化”战略。德国的“再工业化”区别于美国的“再工业化”，主要体现为，德国“工业4.0”战略是依托先进工业技术、互联网、物联网，对传统工业生产模式的颠覆，能够使技术研发成果切实应用到企业的生产过程中，促进工业生产技术的迭代与更新，突显德国在技术研发与应用方面的竞争实力。在这个过程中，德国能够突破传统理念的束缚，通过采用先进技术手段，促进企业向智能化方向发展，发挥企业在新一轮工业革命中的推动作用。

第四，注重长期性的发展。这是指经济参与主体能够正确认识现阶段的发展情况，科学推测今后的发展方向。“工业 4.0”的发展需要经过漫长的过程，制造行业需要经过一系列改革才能实现智能化转型。为了实现智能化的目的，德国承袭了传统工业发展过程中的优势，从各个维度展示了智能工厂的运营逻辑，在考虑到当前改革实施的同时，也对其今后的发展趋势进行合理分析，通过理论研究与实践检验，为自身的战略制定提供依据。此外，德国十分注重行业标准的制定，并通过这种方式维持自身在国际制造领域的优势发展地位，在拓宽当下利润空间的同时，促进德国制造业的长期发展。

第五，注重市场化发展。分析市场发展需求，根据市场环境的变化调整自身的运营，凭借自身优势力量进行市场拓展。德国以建设智能化工厂为切入点，通过发展通信技术、扩大网络基础设施的覆盖面、开发智能控制系统，应用大数据、云计算等技术手段，促进整个社会向智能化、现代化方向发展。企业通过制定完善的工业解决方案，并进行升级转化，带动整个社会的发展与进步，打造全新的市场环境。在具体实施过程中，德国将产品放在核心地位，开发符合消费者需求的智能产品，促进企业在商业模式方面进行创新，挖掘其市场发展潜力。

3.1.3 “工业 4.0”的体系架构与路线

“工业 4.0”能够通过信息通信技术的利用对信息物理系统的各个环节进行改造，对传统制造业进行升级，提高制造业的智能化水平，提升物流系统的灵活性，提高制造业运营的整体效益。

从总体上而言，“工业 4.0”战略包括三大组成部分：智能工厂、智能生产与智能物流体系。智能工厂的重点在于，实现智能化生产，利用网络技术实现不同生产设备之间的连接，优化生产过程。智能生产的重点在于，实现人与器械化设备之间的连接，保持生产物流的均衡稳定，扩大3D技术的应用范围。智能物流体系的重点在于，利用物联网、互联网及相关服务技术，解决物流资源的分散问题，加快物流运转的速度，通过优质服务提升客户体验。

在德国“工业4.0”的模式下，智能工厂可以充分发挥物联网与互联网的连接作用，提高自身生产的灵活性，满足消费者多元化与个性化的商品需求。不仅如此，企业的柔性化生产将更加智能，并体现出企业本身的鲜明特色。此外，企业将实现自身生产与物联网、互联网的深度结合，打破传统模式下制造业与制造服务业之间的独立局面，颠覆原有的价值生产与输出方式，并改革传统模式下的产业链分工方式，对企业在产业链中占据的地位、承担的角色进行调整。

德国“工业4.0”战略包含了诸多内容，我将从技术的有效互动与广泛应用、渠道和供应链的完善、根据重点要素采取保障性措施方面进行逐一梳理。

◆技术的有效互动与广泛应用

实施“工业4.0”战略能够推动传统制造业的转型，通过物理系统的应用来搭建完善的网络体系，将智能传感器、智能控制系统、网络通信设备等都纳入其中，并促进整个系统向智能化方向发展，在具体运营过程中，实现不同设备、不同服务、人与设备之间的有效连接，从横向与纵向实现价值链的拓展与延伸。

以整合方式来划分，“工业4.0”战略的具体实施包括如下3种形式：依托价值链与智能化完成的企业间横向功能整合；从价值链上游至下游、端与端之间的数字化整合；依托网络技术实现的制造系统垂直方向的整合。现在对这3种形式进行逐一分析。

第一，依托价值链与智能化完成的企业间横向功能整合，具体指的是价值链中各个环节的企业在智能化技术应用的基础上，与其他企业进行有效互动，不断满足消费者的个性化需求，并为其提供优质的产品及配套服务。企业能够通过功能整合，借助智能化网络技术，为整个价值链运营过程中涉及的各项问题，如灵活生产、信息共享等提供解决方案。

第二，从价值链上游至下游、端与端之间的数字化整合，具体指的是加强各个终端的数字化建设，方便消费者在价值链各个环节进行决策。

第三，依托网络技术实现的制造系统垂直方向的整合，具体指的是，当制造业实现了智能化生产，其将逐渐摒弃传统模式下一成不变的生产线，围绕消费者的个性化需求，对各个生产模块进行组合，并建设相应的拓扑结构，实现数据提供、通信网络、生产过程等之间的有效连接。

要保证整个价值链的正常运转，就要在信息物流系统中充分发挥以智能传感器为代表的先进技术手段的作用，对数据资源进行优化利用，根据各个模块的运营情况，制定相应的发展策略。

◆渠道和供应链的完善

“工业 4.0”的实施包括两大战略：供应商战略与市场战略。其中，供应商战略的制定是从供给方面考虑的，市场战略的制定则主要考虑需求方面的因素。

第一，供应商战略的重点在于，供应商需要将系统内各个环节的运营结合起来，通过应用先进的技术手段，出台一系列激励措施，使制造企业认识到“工业 4.0”的价值，并促进企业的战略落地，供应商在技术研发、应用等方面投入更多精力，并提供足够的资源支持，帮助制造企业进行技术攻关，以提高自身的产品竞争力。

第二，在市场战略方面，德国市场成为实践“工业 4.0”战略的先导者。德国 BITKOM 的调查结果显示，到 2016 年，推出实践“工业 4.0”具体计划的企业占到调查总数的 19%，使用“工业 4.0”应用的企业占到 46%，参与并活跃在“工业 4.0”领域的企业占到 65%，目前这个数据仍在持续增长。

要促进市场战略的广泛推行，就要解决其实施过程中遇到的阻力。为此，在大型跨国公司与中小规模公司联手开拓市场的过程中，要发挥“工业 4.0”的推动作用，为中小企业的转型升级提供各项支持。所以，要突出“工业 4.0”战略蕴藏的巨大发展潜力，帮助中小企业正确认识信息物理系统的重要价值，同时，还要强化对网络通信等基础设施的建设，通过改善原有工业组织结构、打造完善的运营系统促进该战略的实施。

◆根据重点要素采取保障性措施

为了减少企业在实施“工业 4.0”过程中的阻力，德国“工业 4.0”战略从重点要素方面出发，提出了如下 8 项保障新措施。

第一，建立统一标准的参考架构。在实施 “工业 4.0”战略的过程中，要加强各家公司之间的合作关系，就要建立统一的标准，并通过制定对应的参考架构，来指导企业的具体实践，促进企业对“工业 4.0”的实施。

第二，运用先进的工具强化对制造系统的管理。如今，无论是产品的生产，还是制造系统的运营，都涉及许多内容，为了优化对制造系统的管理，企业应该制订合理的计划，对工程结构进行调整。“工业 4.0”的实践者也开始推出先进的工具，帮助企业降低对制造系统进行管理的难度。

第三，完善网络基础设施建设。“工业 4.0”战略的实施离不开网络通信技术的支持，德国为促进本国及合作国家的制造业转型升级，积极建设企业发展所需的网络基础设施。

第四，强化数据资源的保护。在智能制造系统运转的过程中，数据资源发挥着关键性的作用，德国对重要的数据及信息资源实施严格的管控，企业需要经过相关部门的审核，才能获得使用权。

第五，在“工业 4.0”模式下，工业企业的智能化水平将不断提高，员工的职责也将不同于以往，其工作流程、工作结构也将呈现出新的特点。

第六，注重人才组织与培训。德国在实施“工业 4.0”战略的过程中，十分注重对人才的培训，将专业技术的应用方法传授给技术工人，以提高技术设备的利用率。

第七，随着技术层面的改革，企业传统模式下的数据资源、责任承担都会发生改变，为了加强对企业的管理，德国相关部门计划推出相关法律、政策和规范，企业也开始实施自我监管。

第八，优化资源利用方式。德国“工业 4.0”战略的实施，能够促进企业资源的充分利用。通过智能化生产，企业可减少内部的资源浪费。这种方式也成为德国“工业 4.0”战略规划的重要组成部分，在工业企业中被广泛推行。

3.1.4 “工业 4.0”与“中国制造 2025”比较

国务院于 2015 年 5 月印发《中国制造 2025》，在该文件制定的过程中，相关部门仔细研究了当下我国及国际市场的发展情况，并依据产业转型升级的一般过程，制定了我国实施制造强国战略的十年行动纲要。中国制造将推动十大重点领域的发展，具体包括新一代信息技术、高档数控机床和机器人、节能与新能源汽车、航天航空装备等领域。我国将以工业化、信息化之间的结合发展为主导，积极抓住“互联网 +”的行动机遇，大力促进制造业向智能化方向的发展。

◆德国“工业 4.0”

德国第一个“工业 4.0”路线图发布于 2013 年年底，发布机构是德国电气电子和信息技术协会，其核心思想是增强德国的核心竞争力，以保住德国技术经济强国的地位。从本质上来看，“工业 4.0”就是在制造业、物流行业中使用虚拟网络（实体物理系统），同时，将物联网与服务技术引入工业生产过程。若能够实现“工业 4.0”，价值创造、下游服务、商业模式、工作组织都将受到极大的影响。

物联网与服务使网络创建、以网络整合制造的过程有了实现的可能，使工厂变成了一个智能化的环境。“工业 4.0”若能实现，生产设备、传送装置、生产设施、仓储系统等生产资源将变成一个循环网络，该网络将容纳相关的计划与管理系统，成为“工业 4.0”的核心。届时，智能工厂将在公司间的价值网络中被全面渗透，最终推动数字世界与现实世界合二为一。

◆“中国制造 2025”

“中国制造 2025”与德国“工业 4.0”的不同之处在于：“中国制造 2025”从自动化、智能化的制造业改造升级切入，与“互联网 +”发展趋势相适应，最终将工业化与信息化深入结合在一起。

我国计划通过“三步走”战略在三十年内从制造大国转变为制造强国。其中，“三步走”战略的第一步是“中国制造 2025”计划的第一个十年，该阶段的目标是进入全球制造业的第二方阵，具体目标是提升制造业的增加值，使其跃居全球第一；提升主要行业的产品质量，使其达到国际领先水平，创造一批拥有自主知识产权的国际名牌；推动一批优势产业率先突破，将其做大做强；使部分战略产业掌握一些国际领先的核心技术。

◆“工业 4.0”与“中国制造 2025”比较

与“德国工业 4.0”类似，“中国制造 2025”也是国家在新一轮技术革命与产业革命来临之际，为推动制造业转型升级制定的战略决策。对两者进行比较可以发现，其区别之处不仅体现在技术基础与产业基础方面，还体现在战略思想、战略基础与战略措施方面。德国“工业 4.0”战略是对德国工业未来发展的规划与引导，具有德国本身的独特性，而我国的制造业发展应该积极借鉴德国在战略布局、技术研发、政策制定等方面的优秀经验。

（1）战略思想区别

将德国“工业 4.0”与“中国制造 2025”进行对照可以发现，两者之间有一个明显的不同之处，即德国“工业 4.0”的科技革命更加彻底。其改革不只局限于制造技术的更新，更着眼于采用新型制造方式，促进工业发展实现质量方面的提升。也就是说，德国“工业 4.0”战略不只是关注工业产值的增加，还能从本质层面上实现传统工业生产方式的优化。相比之下，“中国制造 2025”更加注重制造领域与互联网之间的深度融合，旨在通过应用先进制造技术，促进企业结构的调整，加速企业的生产运营。

从某种程度上来说，德国旨在从“工业 3.0”进入“工业 4.0”时代，是从本质层面进行的改革，“中国制造 2025”是在特定时期内的工业发展。两者在战略思想层面不同，体现出中国与德国的实际发展情况存在区别。

（2）战略基础区别

基础研究、人才队伍建设、技术知识传授都属于战略基础的范畴，能够有效推动战略执行。分析德国“工业 4.0”能够看出，该战略在实施过程中将基础科学研究放在关键位置，注重对理论层面的开发与建设，并以此为参考进行目标制定。相关部门为其基础研究提供了良好的环境支持，推动德国“工业 4.0”的技术研发与应用。

相比理论基础研究，我国更加重视应用研究，政策偏向性也十分明显，针对这个问题，我国应该提高对基础研究的重视程度。另外，我国应该大力开展国际合作，促进国际统一网络化标准的实施，与发达国家达成良好的合作关系，共同进行理论研究、技术开发，并积极拓展海外市场。

（3）战略措施区别

德国十分注重相关政策的制定，使其为“工业 4.0”战略的实施提供支持与保障。在具体实施过程中，德国会对工业发展相关的政策进行价值分析与判断，采用系统评估技术，对现有法律系统进行调整，通过加快技术创新来促进相关机制体系的变革，在发现问题之后，也会对政策、规范体系技术做出调整。德国为促进“工业 4.0”的实施，不断完善相关法律体系，明确企业责任，并列出企业应该遵守的规章制度，调动企业参与竞争的积极性，促进企业不断优化自身管理。

为促进“工业 4.0”战略的实施，德国信息技术、通信、新媒体协会（BITKOM）、德国机械设备制造业联合会（VDMA）以及德国电气和电子工业联合会（ZVEI）成立“第四次工业革命平台”办事处，并通过网络平台共同服务于德国工业企业的发展。中国成立了国家制造强国建设战略咨询委员会，但相关行业协会仍需主动承担责任，通过完善机制保障，为中国的制造业发展提供支持。

3.2 “工业 4.0”实践启示：从德国概念到中国战略

3.2.1 德国“工业 4.0”实践经验总结

随着大数据统计与分析技术在各个领域的普遍应用，传统制造业也开始积极寻求与互联网的深度结合，这成为该领域未来发展的主要方向。在“工业 4.0”战略实施的过程中，智能互联系统发挥着主导作用，越来越多的互联网企业将抓住“工业 4.0”的机遇，在生产制造领域展开布局。在具体实施的过程中，企业对海量的数据资源进行获取，建立统一的数据库管理系统，借助互联网平台的优势实现信息的快速传递，为智能制造系统的生产安排提供精准的需求参考。

德国“工业 4.0”拥有确切的战略目标、切实可行的执行措施、明确的规划与方向，能够遵循生产方式的演变规律，注重对传统制造系统的利用，能够有效降低整个战略实施过程中的风险与阻力，在诞生之后成为许多国家关注的重点。在国内制造业改革过程中，我们也应该积极学习德国“工业 4.0”的实战经验，根据自身情况推动国内传统制造业的转型。

◆ 打破传统行业之间的独立状态

“工业 4.0”依托物理信息系统的运营，大力开发新技术，通过智能化技术的应用来突显自身的竞争优势，并推动生产性服务业、网络信息产业的发展，进而促进传统制造业的转型升级。其推动作用主要包括以下 3 个方面。

第一，在应用信息物理系统的前提下，通过提高企业生产的智能化水平，加快企业的产品研发、生产及输出进度，降低整体成本消耗，有效提高企业对外部市场变化的适应能力。如今，国内制造企业面临着来自国内、国外竞争对手的挑战，企业需要向智能化方向转型，从而提高自主创新能力，提高核心竞争力，同时，企业应努力促进国内制造业在国际产业链中的地位的提升，提高自身产品的价值含量。

第二，在“工业 4.0”模式下，各个行业之间的独立状态将被打破，企业将实现产业链的功能优化，并促进传统制造业的转型升级，使其发展趋向于制造服务业。

第三，信息物理系统运营过程中涉及的技术应用，能够推动以 3D 打印、工业机器人为代表的先进生产设备与智能化制造产业的发展，并促进生产性服务业的繁荣，带动信息产业、工业设计服务业的发展。

◆不仅重视技术发展，更重视系统配套

企业希望通过实施“工业 4.0”战略，为现代装备制造业的发展提供更多支持，在此基础上引进领先技术，提高产品的价值含量，并提高企业在整个产业价值链中的地位，由此可以看出，企业需借助关键技术突显产业竞争优势。

“工业 4.0”旨在以关键技术的创新为切入点，为传统制造业的改革提供技术支撑，进而推动产业的转型升级，在此基础上，助力整个产业的演变与进步。同其他国家的制造业发展战略进行对比分析能够发现，“工业 4.0”强调从全局性角度推动制造业的改革与升级，并注重对资源的整合利用与优化配置。

从战略选择的角度来分析，“工业 4.0”强调对市场发展的引导，并注重对商业模式的改革与创新，不仅如此，“工业 4.0”的参与主体注重在中小企业中发挥先进科技成果的实际推动作用，进而扩大战略推行的范围。

在现阶段下，国内不少的科技政策将焦点放在技术研发方面，缺少技术的实践检验。虽然我国拥有一些领先于国际市场的技术指标，但研发成果的应用十分有限，导致很多技术研发脱离了实际的应用需求。

"工业4.0"战略包含的内容十分丰富，如人才组织与培训、工作结构调整等，涵盖了技术创新、传统行业改革等各个方面，能够促进整个工业体系的优化与升级，中国在进行战略选择、出台相关发展措施的过程中，可以学习"工业4.0"的优秀经验。

◆发挥大规模实力型企业的带头作用

德国开展"工业4.0"战略实施期间，相关政府部门为实力型企业（如西门子）的技术创新与市场拓展提供了各项支持，并将大型企业作为"工业4.0"成果的实验平台，将其应用到企业的生产过程中，在制造业领域积极推进信息物理系统的普及，实现传统工业的智能化生产与运营。

在德国"工业4.0"战略的实施过程中，大规模实力型企业能够通过整合优势资源，积极进行市场拓展，并为中小企业的技术发展与应用起到带头作用；政府部门则承担顶层设计的重要任务，为战略实施提供机制保障。在具体实施过程中，德国根据市场变化与发展，切实执行了统一的技术标准，我国在实施新战略的过程中，也应该注重这一点。

◆以人力资本要素的积累与重组为保障

德国"工业4.0"十分注重人力资本要素的价值，认识到了新模式下员工所处地位及其工作职能的变化，主张通过人才的培养与发展来实现技术层面的提升，主张通过网络平台向技术工人传授专业技能知识，提高他们的技术应用能力。

在战略实施过程中，德国在多个地区推行了独具特色的职业教育，并且根据新兴经济发展的需求，对传统的教育方式、教育内容进行了调整，降低了传统机械加工课程在总体教育课程中的比重，提高了工业设计、信息技术等课程的比重。

随着人际系统的普遍应用，企业对传统工作载体的改革，在今后的发展过程中，员工的地位及职能承担将产生颠覆性的变化，其工作流程、任务分配、环境配置等会呈现出新的特点，企业通过实施改革，能够有效提高员工工作的灵活性，为他们创造更多便利条件。

在这种情况下，企业对专业人才的需求量将大大提高，随着“工业 4.0”战略的实施，以大数据分析为代表的新技术将在制造业领域得到广泛应用，企业需建设专业的人才队伍，并不断提高其技术应用能力与专业水平。

目前，我国想要取得更大的进步，就要积极开拓中国特色工业化道路，在发展新兴产业的同时，促进传统产业的转型，统筹发展传统工艺与先进的技术，在发展过程中，逐步实现工业化与信息化的深度融合。

德国“工业 4.0”的开展，能够实现工业生产的信息化、智能化，其影响逐渐蔓延到世界各地，能够带领各国进入到智能经济时代。德国“工业 4.0”利用先进技术手段，促进传统制造业向智能化方向发展，这也是工业经济未来的主流发展趋势，在这里，作者对德国“工业 4.0”的主要特征进行阐述，并与“中国制造 2025”进行对比，进而总结其发展经验，为中国的制造业改革提供有益借鉴。

3.2.2 “工业 4.0”对中国制造的启示

德国政府推出的“工业 4.0”战略，是德国立足于宏观发展角度，对制造业未来发展的规划与布局，我国提倡制造业在转型过程中要实现工业化与信息化之间的结合，这与德国的“工业4.0”有异曲同工之妙，国内制造企业在改革过程中，应该积极学习德国积累的优秀经验。

一方面，在“工业4.0”战略实施过程中，互联网在制造领域的应用范围将逐渐拓宽，企业将聚焦于智能化建设。在这种大趋势下，制造企业要积极主动地参与到革命大潮中，进行自身的战略布局。

国内经济主体需要积极借鉴德国的优秀经验，根据国内制造业的具体发展情况，对新兴产业革命的发展大势进行把握，进而为制造业的转型升级进行战略布局，发挥自己在新兴技术革命与产业革命中的推动作用。

其次，在制造业转型升级、“工业4.0”战略实施过程中，政府要通过建立统一标准为新兴产业的发展提供保障。以德国为例，相关政府部门会及时出台与产业发展相关的标准制度，通过标准建设来推动企业的科技创新与应用实践，提高产业附加值，并降低经济发展对环境的污染。事实证明，标准的建设确实能够有效推动产业的发展，并且能够为整个国家经济的增长做出贡献。

要参与并推进“工业4.0”的开展，就要利用网络系统，实现员工、资源、机械化设备之间的沟通互动，通过建立系统框架，打通企业的互联网、物联网及服务网络。该系统框架包括许多应用软件、终端设备，要实现不同设备、工具之间的信息共享与交流互动，就要建立并执行统一的标准。

中国在推进制造业转型升级的过程中，既要出台统一标准，为产业未来的发展提供科学依据，在实现信息化、工业化相结合的同时，加快建设相关的标准机制，又要注重自身标准与国际标准的一致性，促进国内标准在海外市场的应用，突出我国在新兴产业发展方面的竞争优势。

另外，我国在实施制造业转型、促进新兴产业发展时，不仅要提高科技创新能力，还要组建创新生态系统，使其服务于企业的技术创新与应用，并完善相关的配套体系。“工业 4.0”是从制造业宏观发展的角度来分析问题，为企业转型升级提供解决方案，而不只是局限于对先进技术手段的应用。

德国在实施“工业 4.0”战略的过程中，既突出了大型企业的示范性作用，又重视中小企业发展过程中对新技术、新设备、新工具的应用，从而实现了产业界、学术界之间的贯通。举例来说，德国“工业 4.0”的参与者既包括西门子、库卡等实力型企业，又包括许多中小企业。德国相关部门积极推进中小企业的转型升级，促进企业的智能化建设与发展，并鼓励企业进行新技术的研发与创新。

无论是技术研发与应用、产业链革新与完善，还是生态体系的建设，德国“工业 4.0”都是从全局性角度出发来推进工业系统的发展，并注重完善相关体系。中国在参与新一轮技术革命与产业革命的过程中，既要发挥实力型企业的带头作用，也要提高中小企业的参与度，不断拓宽创新生态系统的覆盖面。

另外，在促进制造业转型升级过程中，国家要强化网络基础设施的建设，实现企业对工业网络信息系统、工业控制系统的优化管理，注重自身对工业大数据的分析。企业在智能化转型过程中，需要根据对工业大数据的深度分析与处理，为战略制定提供有效参考。为此，企业需应用先进的技术手段，获取工业大数据资源，并提高自身的数据分析能力。

3.2.3 开辟中国特色“工业 4.0”之路

◆在制造领域开展智能化建设

新一轮技术革命与产业革命将作用于企业的生产方式，对人类与环境之间的关系产生影响。德国“工业4.0”战略，通过采用信息物理系统，尤其是先进的互联网技术，实现智能化的延伸。通过“互联网+”将人、信息网络和设备有机地连接起来，提高人类社会的生产能力，实现工业生产效率的大幅度提升，所以，人工智能将深刻地影响制造业的发展，并依托先进的技术手段，促进传统工业向智能化方向的转型与升级。

智能经济时代到来时，智能化将无处不在，其影响将渗透到各行各业及人们生活的方方面面，例如，智能环保、智能医疗、智能公司和智能政府等。在此背景下，分布在世界不同地区的国家之间可以实现信息的高速传递，拉近彼此之间的距离。智能化将促进工业经济的进一步发展。未来，伴随着智能化的建设与发展，世界现有的经济格局将受到冲击，经济发达地区与落后地区的差距将进一步拉大。中国一定要做好充足的准备，在智能经济时代的大背景下，合理进行战略布局，大力进行技术研发与创新，在国际市场上占据有利位置。

◆开辟中国特色工业化道路

作为发展中国家，在当下国内的发展体系中，既有紧跟时代发展脚步的现代企业，也有发展相对落后的传统企业。在新一轮的产业革命中，我国应该立足于自身的实际情况，兼顾传统产业与新兴产业的发展。

换个角度来说，我国应该开辟中国特色工业化道路，在实现传统产业升级的同时，也要积极布局高端领域，在产业发展过程中实现“质”的飞跃。我国探索具有中国特色的工业化发展道路，既要立足本国国情，又需要着眼于全球制造业的总体发展趋势，在加快企业运营，缩短其发展进程的同时，保障社会就业率，提高企业整体的现代化水平。

◆我国工业转型期的挑战与机遇

目前，在全球经济一体化的时代背景下，中国制造业需要应对很多挑战，例如，高端市场竞争压力大、低端市场竞争压力加大、自身发展有局限等。

机遇与挑战并存，在新的环境下，中国制造面临如下发展机遇。

第一，我国处于经济发展转型的关键时期，正好迎来新一轮技术革命与产业革命。全球范围内的制造业将发生新的变化，势必导致格局重组，众多新领域迎来发展的新时期，这也为我国“弯道赶超”提供了有利的机会。

第二，西方国家的“再工业化”，采用不同于以往的生产模式、组织结构，结合新技术对传统制造业进行改革，其发展能够带动新的市场需求，为我国的经济发展创造新的空间环境。

第三，西方国家在“再工业化”过程中的实践探索，为我国的制造业转型与升级提供了丰富的经验借鉴。在具体发展过程中，我国应该对各个行业的具体情况进行分析与把握，采用区别化、针对性的改革措施，处理好实体经济与虚拟经济之间的关系。

我国要将挑战转换成机遇，就要根据当前的产业经济发展情况，制定合理的发展战略，形成完整的产业体系。

一方面，要实现优势资源的整合，中国必须提高自主创新能力，促进核心技术的开发与应用，在高端领域展开布局，体现中国制造行业的优势。同时，中国应通过掌握核心关键技术，来增强国家整体竞争实力，提高自身在国际市场上的地位。另一方面，中国要维持自己在低端制造领域的地位，通过发展劳动密集型产业带动国内就业。中国在低端制造行业的转型过程中，应该根据实际情况，使其向中端方向转化，而不是盲目追求其全体的高端化发展。中国应该认清现实情况，积极进行中端产品的开发，抢占市场份额。

3.2.4 关于发展智能制造的认识与对策

现如今，我国正处于供给侧结构改革，传统产业改造升级的关键阶段，因此，对新技术、新业态、新产品、新模式的培养尤为重要。在这个阶段，智能制造已成为一种新动能。目前，世界各国都在发展智能制造，该领域的竞争愈发激烈。我国要想发展智能制造，推行制造强国战略，就必须对智能制造的发展路径与创新策略进行深入探索，抢占先机，占据主导地位。

目前，在智能制造领域，全球尚处于初级阶段。未来，智能制造将朝着更加成熟的方向发展，其标志就是制造系统拥有学习能力，能自主思考、生产并解决问题。在智能制造初期，已有一部分蓝领的工作被自动化取代，未来，一部分白领的工作将被人工智能取代，智能制造将成为人类进入智能时代的标志。

无论是数字化、网络化，还是智能化，都无法一蹴而就，必须循序渐进、慢慢实现。最低级的智能制造是以数字化为基础构建工业互联网，以高度自动化为基础实现人机交互。随着智能制造的逐渐推进，制造体系将形成一个创新网络，且该网络具有去中心化的特点。未来，智能工厂将分布在物理信息网络上，在这个创新网络上，制造企业将成为关键节点。

对于智能制造，云平台、信息安全、标准库是支撑其发展的基础设施，人工智能是其决策中枢，工业互联网中的大数据是其指挥系统。也就是说，智能制造的核心就是数据，大数据、软件为其感知、处理、判断、反馈、决策等活动提供了依据。未来，人类在智能系统、软件领域的投入占比将超过 3/4。

在我国，软件产业最发达、智能制造集成技术最汇聚的城市之一是北京。在智能制造领域，我国的定位就是推出标准、做好示范、培养人才、创新模式、提供技术，积极参与国际竞争与合作，使自身在新一轮产业变革中掌握主动权，成为创新策源地。

中国已制定了与智能制造发展有关的行动纲领与政策措施，智能制造的技术路线越来越明晰。为了推动智能制造更好地落地发展，其发展路径还需被持续探索和完善。

对智能制造来说，数字化、智能化、网络化是工具，产业发展是目的。随着人工智能技术的出现与发展，智能制造技术迅速发展，并从技术演变成了产业，但其中涉及的风险因素有很多，如战略、管理、资金、市场、人才等，从专利发明到产业形成还需较长时间。在智能制造发展的过程中，我国需要对产业发展路线及其配套政策给予持续关注，对新技术催生新产业、新产品的方法进行持续探索。

由于我国大部分企业还尚未实现“工业 3.0”，所以，现阶段，促进国内外先进技术的集成应用，促进工厂的智能化改造，组建智能生产线，打造智能车间、智能工厂，创建工业云平台就成了我国各企业推行智能制造的主要方法。

但是，我国现使用的用于开展智能制造的设备系统具有两大特点，一是临时组装，二是厂内使用，企业之间、上下游产业之间所使用的软硬件系统自成标准，不利于工业互联网建设与智能制造的深入发展，给互联网产业生态的形成造成了极大的阻碍。所以，我国智能制造的发展必须从顶层出发对建设标准进行细化，对工业云、标准库、工业大数据、信息安全等布局进行统筹。

Part 2

战略篇：

构筑中国制造强国之梦

第 4 章
“互联网 + 制造”：构建智能制造新格局

4.1 制造新蓝图："互联网 +"赋能制造业转型

4.1.1 "互联网 +"：构筑制造强国新引擎

从 2015 年开始，"中国制造 2025"连续 3 年出现在《政府工作报告》中，这体现出国家对制造业转型升级的重视。如今，中国制造业在世界居于领先地位，与此同时，国内互联网用户规模也不断壮大，制造业与互联网的结合将有力推动企业的发展。从国家层面来分析，在"互联网 +"深入开展的今天，制造业与互联网的结合将提高中国制造业的整体竞争力。

◆ "互联网 +"促进了传统产业的转型与升级

随着互联网的高速发展与普遍应用，企业与用户之间的联系更为紧密，企业能够与用户展开深度的互动与沟通，并提高用户在产品研发、设计、加工制造、销售等过程中的参与度。制造企业在运营过程中，通过互联网、云计算、物联网的应用，将企业、产品、消费者、生产设备等连接起来，从而加强企业对内部各个部门、各个环节的控制与管理，促进企业向智能化方向发展。举例来说，“互联网 + 材料”有利于推动新材料的开发与应用，促进相关企业的转型与升级；“互联网 + 能源”使风能、太阳能、核能等新能源接入国家电网，并拓宽新能源发电的使用范围。由此可见，在互联网时代下，企业需抓住“互联网 +”行动开展的机遇，积极拥抱互联网，突显自身发展的竞争优势。

◆“互联网 +”能够有效促进新兴经济产业的发展

近年来，海外贸易的增长速度逐渐放缓，国内市场需求也呈现疲软状态，人力资源成本逐渐上升，资源消耗大、环境污染等问题也越来越严重。要改善这种局面，就要大力促进新兴经济的发展，促进传统制造业的转型升级。“互联网 +”行动的深入开展，使 O2O 模式、电商模式、众包模式等受到诸多企业的追捧，与此同时，以移动互联网、大数据、云计算为代表的新产业也迅速崛起，为区域经济发展做出重大贡献。举例来说，上海培育“新技术、新产业、新业态、新模式”（简称“四新”），福建着手发展互联网经济，其共性之处在于，政府都想通过新兴经济的发展带动区域的整体进步。作为国际互联网大国，我国拥有巨大的市场消费潜力，应该把握机遇，促进区域经济发展。

◆“互联网 +”为促进消费升级和激励万众创新创造了良好条件

随着网络信息技术的快速发展，国内互联网用户不断增多，消费者对移动智能终端服务、电商产品与服务的需求量也持续上升。中国互联网络信息中心的统计结果显示，到 2016 年 6 月，中国网民数量达 4.1 亿，与欧洲人口总量相差无几。庞大的网民数量意味着广阔的市场发展前景，在这方面，中国居于世界领先地位。在今后的发展过程中，中国应该在把握自身优势的基础上，积极推动互联网企业的发展，帮助企业实现规模扩张与综合实力的提高，使“中国制造”在国际市场占据更加重要的位置。著名咨询公司麦肯锡的调查显示，新增消费在总体网络交易额中所占比例达到39%。以此为参考，阿里巴巴2016年财报显示，其全年交易额突破3万亿元，新增消费可达11700亿元。另外，互联网时代为创业者提供了诸多机遇。随着互联网的普遍应用，商家、供应企业能够在价值链中实现深度参与，“众包”“众筹”平台也为大众提供了更多的信息资源，使人们在信息获取的基础上，能够进行自主创业。

4.1.2 “互联网＋制造”不等于智能制造

国内制造业将积极寻求与互联网的创新融合式发展，并将其作为未来发展的重要方向。根据工业和信息化部的推测，到2035年，中国互联网对国内生产总值的贡献将达到3万亿美元。从我国制造业的发展角度来分析，在传统模式下，企业在运营过程中需要消耗大量成本，这种方式的资源利用率低，且容易造成环境污染。

企业在转型过程中，要提高自主创新能力，在实现自身成本控制的同时，提高资源利用率，注重环境保护。从全局性发展反向的角度分析，制造业与互联网的结合发展与智能制造存在许多共性，但两者的解读方式不同，呈现出来的面貌也存在差别。

制造业与互联网之间的融合发展，与智能制造之间是有区别的。中国的制造业不同于其他任何一个国家的制造业发展，其发展历程将“工业1.0”“工业2.0”“工业3.0”都包含其中，且正在从“工业3.0”向“工业4.0”转型。

工业与互联网之间的结合发展，指的是运用网络信息系统，对传统工业运营过程中产生的数据资源进行处理，通过提升企业的运营效率，凸显其竞争优势。换句话说，“互联网＋制造”是强化互联网在传统经济发展过程中的渗透作用，实现生产制造与信息技术的结合，提高企业运营的智能化水平。

在“工业 1.0”“工业 2.0”中应用互联网能够推动传统工业向智能化、数字化方向发展，但其与智能制造存在很大区别。不过，智能制造对国内生产总值的贡献，也被包含在“互联网 + 制造”实现的国内生产总值中。

机器换人与互联网的结合与智能制造也存在区别。在这个问题上，很多人误以为，第二次工业革命中的“机器换人”与第三次工业革命中的工业自动化，与智能制造别无二致。企业采用机器人代替传统的人力资源的原因主要有两点：一是加速生产运转，提高产量；二是用机器人代替人工进行高危作业，提高安全性，节约成本，使产品质量达到标准。

有些分析者认为，智能制造能够提高产品产量，进而为国内生产总值的增加做出贡献。事实上，虽然智能制造能够推动部分行业的兴起与发展，但智能制造的真正目的是实现国内生产总值在质量方面的提升，并促进传统工业的转型。从这个角度上来说，互联网与机器换人之间的结合，并不等同于智能制造。

可以将“互联网 + 工业 3.0”看作智能制造早期阶段的发展形态，相比于互联网与制造业之间的结合，智能制造是在其原有基础上的进一步升级，也就是说，智能制造等同于“数字化 + 网络化 + 智能化先进制造”。

国内在发展智能制造的过程中，应该及时把握“互联网 +”的机遇，推动传统工业的转型与升级，提高企业生产的自动化水平，运用数字化技术优化其内部管理，并实现网络信息技术在各个环节的应用，为企业的智能化升级提供支持。

4.1.3 “互联网 +”时代的装备制造业

装备制造业是制造业的核心组成部分，大力发展智能制造装备，才能促进“互联网 +”的实施与智能制造的发展，相关政府部门也为该行业的发展给予了大力支持。我国的装备制造业具有较强的竞争实力，在规模上领先于其他国家。

《中国制造 2025》中提到，应该抓住“互联网 +”的机遇，明确九项战略任务、十大重点领域、五项重大工程，其中涉及装备制造业的有海洋工程装备及高技术船舶、航空航天装备、先进轨道交通装备等高端装备制造、高档数控机床和机器人、农业机械装备、电力装备，共 6 项。从互联网的应用与智能制造升级方面来分析，装备制造业的发展获得了显著成效，但与其他制造业相比，该领域在转型过程中仍然面临许多挑战。举例来说，我国在超级计算机、载人航天、高速铁路、探月工程等方面都取得了举世瞩目的成就，体现出中国装备制造业的发展与进步。

想推动装备制造业在“互联网 +”与智能制造领域的大范围布局，企业就要注重内部建设与外部联合。对于企业内部，企业要拓宽大数据、云计算的应用范围，促使其与自身的生产、管理及其他环节的深度结合。在企业外部，企业要与相关科研部门达成合作关系，实现跨行业联合，在为客户提供服务的过程中，实现智能化、数字化生产与运营，加强不同设备之间的连接，并提高自身的工艺水平。

4.2 产业互联网：中国如何超过美德工业强国

4.2.1 中、美、德的产业互联网对比

随着移动互联网、物联网、人工智能、大数据、云计算等新一代信息技术的不断发展，我们的生活及工作已经产生了巨大变革。而在诸多

的变革浪潮中，数字化、网络化、智能化成为主流发展趋势，虚拟与现实之间的边界变得愈发模糊。在生活服务领域，人们享受到了更为方便快捷、智能化的服务体验；在生产劳动领域，企业获得了更为高效、更具人性化体验的生产工具。

在意识到科技革命给人类生产生活带来的巨大变革后，各个国家纷纷出台了相关的扶持政策，德国提出了“工业 4.0”战略，美国掀起“再工业化”浪潮，我国出台了“中国制造 2025”等，各国都意欲借力新一代信息技术，打造出更为智能化、数字化的生产方式，在降低生产成本，提高生产效率的同时，让人们能够享受到更为优质的服务体验。

◆中国：产业互联网全面带动企业转型升级

不难发现，我国消费互联网的市场格局已经初步形成，BAT 三大互联网巨头以投资并购的方式实现了对诸多领域的垄断，初创企业很难在 BAT 布局的市场中成长为巨头。而随着物联网、云计算、大数据等技术在各行各业应用不断深入，产业互联网成为社会各界关注的一大焦点，如果企业能够通过率先布局抢占先机，未来很有可能能够打破 BAT 的封锁，成为新的巨头。

作为我国制造强国战略的首个十年行动纲要，《中国制造 2025》明确指出：“要将工业化与信息化进行深度融合，大力发展智能制造，打造出信息化条件下的产业生态体系以及新型制造模式。”制造强国能够成功实现，必然建立在实现工业化以及制造业高度信息化的基础之上，这也无疑将为产业互联网的发展提供强有力的支撑。

虽然和欧美等发达国家相比，我国的工业化起步时间较晚，但互联网化进程却并不落后，我国甚至在电商与移动电商等领域引领世界潮流。从工业和信息化部发布的数据来看，移动互联网用户在我国网民群体中占据的比例逐渐增加，尤其是80后及90后这一年轻群体，他们乐于接受新鲜事物，在生活及工作过程中逐渐培养出了使用移动互联网进行购物、交友、娱乐的习惯。

此外，我国的互联网基础设施建设已经相对完善，近几年快速崛起的大数据、云计算、人工智能等新一代信息技术，为传统企业完成新时代的转型升级提供了有力的支撑，催生了一批专注于为企业级客户提供服务解决方案的互联网企业，随着这些企业不断发展壮大，其将会成为推动产业互联网发展的强大推力。

◆德国："工业4.0"欲再次引领全球制造业

在新一轮工业革命中，智能制造具有极为重要的战略意义，人类社会也将因此而迈入智能经济时代。被称为"欧洲经济火车头"的德国拉开了"工业4.0"时代序幕，其意欲将制造技术与互联网技术进行深度融合，在高端制造领域夺得战略制高点，从而提升企业在国际市场中的竞争力。

德国的"互联网+制造业"是将信息物理融合系统应用到制造业的各个环节，以智能工厂开启智能制造新时代。这就为德国传统制造业技术与互联网技术进行深度融合，并充分发挥其领先优势打下了良好的基础。

德国互联网企业在提供优质智能生产设备的同时，还为企业级客户提供完善的产品生产及服务解决方案，实现工厂、车间、设备、生产线及工人之间的高度协同，使人与数据、环境及设备实时交互，提升产品在设计研发、制造生产、销售及售后等各个环节的溢价能力，从而实现价值最大化。

对于企业的信息管理，企业不但要实现信息从系统到工厂网络各个节点的实时精准传递，更要将工厂的每一个节点的信息及时反馈到系统中。综上来看，德国的“工业 4.0”是将其在制造业中积累的技术优势，在“互联网 + 制造业”中得到充分应用，从而使自身成为具有较高溢价能力的智能制造服务解决方案供应商，再次成为全球制造业的领头羊。

◆美国：工业互联网欲再塑美国中心

和德国明显不同的是，美国的工业互联网更加侧重于借助软件、网络及大数据，来推动工业的转型升级，其不仅要实现机器的智能化、数据化、网络化，还要将人与机器、机器与机器之间进行无缝对接，打造智能制造生态系统。

2008 年金融危机的爆发，使得美国政府对发展先进制造业给予了高度重视，其借助智能化及自动化的生产方式对传统制造业进行革新，并积极出台扶持政策，来引导并支持国内先进制造企业加大科技及设备研发力度，为新一轮工业革命奠定了坚实的基础。

美国企业将享受到工业互联网提供的个性化及智能化服务，例如，利用大数据分析技术，企业可对用户的数据信息进行分析，帮助自身更为科学合理地制订采购计划及营销策略，提供增值服务等。企业将产品分解为标准化、轻量化的模块，在降低生产成本的同时，通过对不同模块的组合搭配，赋予产品差异化的功能、形态、特质等，从而使自身能够根据用户的个性化需求，按需生产、定制生产。

在“互联网 + 工业”领域，美国 GE 公司是典型代表。GE 提出要将人、机器和数据三者通过开放性的全球化网络进行连接，在分析用户需求的基础上，借助新一代信息技术对企业实施数字化业务管理，从而打造出全新的业务流程、生产方式及商业模式，为企业更为科学合理地决策提供强有力的支撑。

美国借助信息革命打造出了以美国为核心的世界经济体系，确立了世界经济霸主级地位。而新时期，美国发力工业互联网，无疑是想要继续巩固其在世界经济中的中心位置。

4.2.2 中国产业互联网如何“弯道超车”

对于全球范围内掀起的产业互联网革命，世界各国纷纷对此给予了高度关注，而对于技术落后、起步时间较晚、人才储备不足的我国来说，能否找到行之有效的发展路径完成产业互联网时代的“弯道超车”呢?

◆从发展步伐来看

德国“工业 4.0”尤其强调在高端制造产业方面建立领先优势，通过打造智能工厂，来完成制造业从传统制造业向“互联网 + 制造业”的转型。美国则强调将新一代信息技术应用于企业的设计、生产、销售及售后等诸多环节，例如，利用大数据分析技术对用户需求数据进行分析，帮助企业制订更为科学合理的生产计划等。

目前，我国的产业互联网仍处于初级发展阶段，但在众多的国内企业中，也有一些类似阿里巴巴、百度等技术领先且掌握大量数据资源的互联网企业，它们也相继开发出了为企业级客户提供生产、营销、配送等各种类型的服务的解决方案。

◆在研发投入方面

和德国及美国相比，我国的科技研发投入虽然近几年保持快速增长（在联合国教科文组织发布的《2015 年科学报告：面向 2030》中，美国研发投入占全球研发投入的28%，而中国以20%紧随其后），但在提高研发成本投入的同时，科技成果的转化同样具有十分关键的意义。

◆在技术储备方面

德国在机械、电机、汽车等领域的全球市场中拥有绝对领先优势，西门子、大众、拜耳等一批德国品牌更是享誉全球。在产业互联网领域，美国的技术领先优势主要集中在大数据、云计算及人工智能等方面。

近几年，我国企业对技术的重视程度明显提升，除了 BAT 三巨头积极投资海外科技创业公司外，以华为为代表的诸多企业通过多年的积累与沉淀，在某些领域也取得了一定的领先优势。以华为为例，在 3GPP RAN1 87 次会议中，华为提出的 Polar code 方案击败了美国高通的 LDPC 方案以及法国的 Turbo2.0 方案，成为 5G 控制信道 eMBB 场景编码的最终方案。

综合来看，我国的产业互联网在国家政策的引导与支持下，以及阿里巴巴、百度、腾讯、华为等行业巨头纷纷进军企业级服务市场的现状下，将开启转型升级之路，这将为我国借力产业互联网成功赶超工业强国打下坚实的基础。

4.2.3 弘扬工匠精神，深挖市场需求

《中国制造 2025》在注重打造工业基础的同时，强调要弘扬“工匠精神”，从精神文化层面上实现国内制造业的提升。相比于产量，“互联网 + 制造”与智能制造更加注重提升效率。实现制造业与互联网的结合，提高其智能化发展水平，就代表着工业企业在实现成本控制的基础上，能够提高单位时间内的产量。换句话说，生产同样数量的产品，企业的效率将大大提升，同时能够达到节约成本的目的。

随着制造业的发展，其外部市场环境也会发生变化，产品需求将趋向于多元化、个性化，与传统模式下的标准化产品相比，企业将无法采

用批量化生产方式。

举例来说，某公司在传统运营模式下，通常会批量生产 10000 件 A 产品，当该公司实现智能化转型之后，其产品生产结构将发生变化，除了生产 A 产品之外，公司还要生产与 B 产品与 C 产品，其中 A 产品 4000 件，B 产品与 C 产品各 3000 件。

同样地，新型制造业取得快速发展就会使传统制造业面临挑战。因此，电商行业兴起后，许多传统商业的发展走向下坡路，不过，当产品价格下降后，其需求量也会上升，但这种上涨仍然不足以维系传统工业的发展。另外，智能制造是传统制造业转型升级后的发展形态，其改革主要体现在质量而非产量方面。

“互联网 + 制造”与智能制造的发展与市场本身息息相关。要拓宽产业的发展空间，就要积极挖掘市场需求，在需求的驱动作用下实现市场价值的深挖。

国际机器人联合会的调查结果显示，中国的工业机器人 2016 年销量达 6.67 万台，在全球工业机器人市场中所占比重达 25% 以上。近年来，人力资源的价格不断上涨，以长三角、珠三角为代表的地区都开始采用工业机器人代替传统人工劳动，这体现出市场对工业发展的引导性作用。无论是在哪一个发展阶段，企业都是市场竞争的主要参与者，市场则能够对企业的产业发展效果进行审核。

第 5 章

转型升级：从“中国制造”到“中国智造”

5.1 “十三五”规划：中国制造转型升级的顶层设计

5.1.1 把握制造业转型升级的大趋势

“十三五”是我国从工业化中后期走向工业化后期的关键 5 年。值得关注的是，与过去两次工业革命有很大的不同，我国作为一个拥有 13 亿人口的大国和全球最大的新兴经济体，是以一个积极参与者和推动者的姿态出现的。抓住新一轮科技革命的重大机遇，加快形成从“中国制造”走向“中国智造”新格局，我国有望到 2020 年初步完成从“工业革命 2.0”向“工业革命 3.0”的升级，并奠定“工业革命 4.0”的重要基础。

“十二五”以来，国内传统制造业迎来转型升级的重要阶段，“互联网 +”行动的开展，为企业新一轮的改革带来了机遇。身处其中的工业企业应该找准切入点，提高自身发展的科技化与现代化水平，争取在改革中把握时间优势，通过自身发展带动整个行业乃至国家经济的发展与进步，缩小我国与西方发达国家之间的差距。

◆制造业数字化革命的大趋势

第一，传统制造业开始进入数字化发展时期。“工业革命 4.0”的概念诞生于 2013 年的德国，以制造业向数字化转型为代表。美国及部分欧洲国家主张实施“再工业化”，旨在依托先进的数字技术提高制造业的附加值。

第二，在电子信息产品生产上，中国的生产规模超出其他任何一个国家，不仅如此，中国市场消费量同样在世界范围内居于前列且处于持续性增长状态。在全球互联网企业最具实力的前十名中，我国占据四席，分别是阿里巴巴、腾讯、百度与京东。其中，阿里巴巴于 2014 年在美国成功上市，其规模超过了世界其他移动电商企业，在所有互联网企业中，仅居于排名第一的谷歌之后。未来，中国一定会参与到“工业革命 4.0”中，通过自身努力带动整个行业的转型与升级。

第三，国内制造业数字化的发展前景十分广阔。中国于 2011 年成功制造了世界最大的 3D 激光打印机。中国工业机器的销售规模到 2013 年时达到 3.7 万台，市场需求量在世界居于榜首之位。2015 年中国工业机器人的销售量达 6.67 万台，在全球市场所占比重达 25% 以上。

◆制造业服务化革命的大趋势

第一，提高服务项目在制造业中的比重，促进国家整体经济发展水平的提高。在制造业价值链上，利润空间大的环节被西方发达国家占据，这类企业能够通过提供服务增加产品的价值含量。对西方发达国家而言，服务业增加值对国内生产总值的贡献率达到七成，而在服务业中，生产性服务业的贡献率同样达到七成，这都得益于制造业对服务项目的重视。

第二，生产性服务业的发展能够有效推进“工业革命 3.0”的展开。如有的地区试图大范围推行太阳能光伏发电系统，对用户而言，他们最看重的是相关的服务。在具体推行过程中，企业需要依托技术力量完善自身服务体系，聚焦于产品研发与营销推广，从消费者的角度来考虑产品使用过程中的各种问题。

第三，生产性服务业的发展将有效促进“工业革命 4.0”的开展。在应用大数据的基础上对传统信息服务业进行升级，打造完善的智能生产系统，对企业的生产实施精细化管理，逐步提高企业整体发展的现代化水平。

5.1.2 实现工业与服务业的深度融合

2015—2020 年，中国工业将趋向于智能化方向的发展与转型，身处其中的制造业应该把握住“互联网 +”的机遇，积极推进自身的改革。为此，企业应该实现工业与服务业之间的深度结合，从根本上推动生产性服务业的发展，提高企业的现代化与智能化水平，使其与国际市场接轨。

◆实质性提升生产性服务业水平

传统制造业应该认识到生产性服务业的重要性，并在发展过程中通过提升生产性服务业的占比来完善自身的产业结构。2016—2020 年（“十三五”规划期间），国家相关部门应该制订明确的发展计划，将生产性服务业在总体服务业中的比重提高 20%，将其在国内生产总值中的比重提高到 15% ~ 25%，并出台针对生产性服务业发展的战略方针，在促进其规模壮大的同时，逐步完善生产性服务业的组成方式。

◆实现制造业信息化、服务化

第一，利用“互联网 +”促进制造业转型。在战略层面，通过先进技术的应用提高传统工业的信息化水平，促进新兴产业的发展。与此同时，工业企业在运营过程中应积极应用云计算、大数据等先进技术手段，争取到 2020 年，实现数字化技术在国内制造领域的广泛应用，通过数控技术进行机械产品的生产，不断提高整体运营的智能化与现代化水平。

第二，推动传统制造业向服务化方向发展。完善生产性服务业的组成方式，在科技服务业、物流业、信息服务业、商业服务业的发展过程中充分发挥大数据的优势，促进不同企业间的合作，通过在长三角、珠三角、京津冀等地区建设产业园区，发展集群式的生产性服务业，从整体上提高该领域的专业化水平，进而促进传统制造业的升级，推动传统制造业向服务化方向发展。

◆推动制造业的全球化布局

第一，在制造业发展过程中，要在新兴经济体国家进行海外市场拓展。通过与新兴经济体国家合作，降低制造业在整体运营过程中的成本消耗，为我国制造业的发展创造更多机会。在国家实施“一带一路”战略过程中，不断提高国内高端制造业的发展水平，并积极向中亚、东盟地区拓展，联合其他国家共同进行基础设施建设，促进国内制造业的参与，另外，要积极拓展巴西、俄罗斯、印度及非洲国家的市场，联手进行基础设施建设。

第二，在发达国家进行海外市场的拓展。当国内制造业具备足够的实力条件时，可以尝试采取并购策略，实现优势资源与技术力量的整合，引进更多优秀人才，在营销环节获得当地的资源支持，在加强国内制造业技术建设的同时，在世界工业价值体系中占据更加重要的地位。

第三，在世界范围展开布局。通过在海外国家建立跨国公司，打造跨国生产体系，为海外公司的营销提供各项支撑，优化国内制造业在世界各地的资源配置，拓宽国内制造业的经营范围。据统计，到2016年，世界500强企业中，中国上榜数达110家，到2020年，争取在原有基础上再增加40家。

5.1.3 能源互联网驱动新兴产业崛起

2016—2020年，国内的工业化革命将进一步展开并进入关键时期。在发达国家的带领下，工业革命在世界各地蔓延开来，许多国家加入“工业革命3.0”及“工业革命4.0”的行列中。

在“工业革命1.0”“工业革命2.0”时代，中国的革命开展进度远远落后于西方发达国家，相比之下，在此次从“中国制造”向“中国智造”转型的过程中，中国主动进行革命道路的探索，如果计划实施顺利，我国到2020年是有可能实现向“工业革命3.0”转型的，并为今后的革命开展做好铺垫。

2011—2015年，国内工业企业依靠先进的技术手段，借助互联网平台的优势，纷纷加入革命行业中。在具体改革过程中，新能源与互联网行业走向融合，制造业也呈现出新的发展特点，在这里对其总体发展走向进行梳理。

◆能源互联网革命的大趋势

第一，世界迎来“工业革命3.0”时代，中国则进入到了工业化中后期。“工业革命3.0”的理论定义诞生于2008年全球经济危机之后，源自以美国为代表的西方发达国家，这一理论的实施为国家的整体工业化升级做好了铺垫。对前两次工业革命的特征进行分析可知，第一次工业革命以蒸汽机的发明为代表，第二次工业革命则以电力的广泛应用为特征。“工业革命 3.0” 最具代表性的是新能源与互联网之间的连接。在此次革命开展过程中，越来越多的工业企业将逐渐摒弃传统化石能源，改为使用新能源，如太阳能、天然气等。随之而来的，是国内企业的生产及运营将呈现出新的特点，国内的整体工业布局也会受到影响。

第二，在新能源与互联网的结合发展方面，中国的优势十分明显。如今，中国不仅是太阳能资源大国，对新能源汽车的需求量也在不断提高。在对国家的新能源发展实力进行评估时，新能源工业贸易竞争指数是重要的参考数据。我国的新能源工业贸易竞争指数位于丹麦之后，居于亚军，比德国、西班牙、瑞典等国稍高一筹，表明中国在这方面的优势所在。

第三，到 2020 年，中国的能源互联网发展可能超越其他国家。互联网能够将分散的能源需求集中起来，从而减少新能源应用的总体成本，鼓励更多企业用新能源代替传统能源。英国《金融时报》的调查结果显示，2015—2018 年，中国互联网用户的规模将持续上升，2018 年将达 7.5 亿以上。由此可见，无论是发展速度上，还是用户数量上，中国互联网发展都将居于世界前列。

◆实现从“工业 2.0”向“工业 3.0”的升级

第一，通过向“工业革命 3.0”升级来提高空气质量。传统工业不仅要打造循环经济系统、减少在生产及运营过程中的环境污染，还要从根本上对传统的能源组成方式进行调整。根据国务院发布的《国家应对气候变化规划（2014—2020 年）》，与 2005 年相比，到 2020 年时国内生产总值二氧化碳排放将减少 40% ~ 45%，同时提高清洁能源、非化石能源的比重，将“绿色制造”的理念渗透到整个工业领域。

第二，在新能源发展过程中，建设完整的产业链体系。不断推动新能源发电系统的应用，提高新能源汽车的研发水平，在“十三五”期间，要加大对新能源汽车相关基础设施建设的投资，不断扩大新能源汽车在交通运输行业的应用范围，用新能源汽车代替传统交通工具，减少传统能源消耗带来的环境污染。

第三，将新能源与互联网行业的发展结合起来，在发展新能源的同时，发挥互联网的连接作用，实现各个新能源体系之间的协同，利用太阳能、风能及其他新型能源发电，并在全国范围内推行。

◆奠定“工业 4.0”的重要基础

第一，提高自主创新能力。为科技的发展与创新提供足够的资金支持，围绕企业发展所需，打造完善的科技创新系统，推动先进科学技术在各行各业的应用，通过科技创新，推动传统工业的转型与升级，促进整体经济的发展。

第二，促进国内新兴产业与制造业的发展，争取与国际先进水平接轨。在发展新兴产业的过程中，要注重在产品设计及研发、物流环节、营销环节的投资与建设，提高整体产业发展的价值含量，在积极拓展海外市场的同时，也要向发达国家学习先进科技，与此同时，还要不断提高自主创新能力，掌握关键技术，不断提高自有品牌的影响力。

第三，如今，我国的互联网用户数量已居于全球首位，在此基础上，传统制造业应借助大数据及其他先进技术的应用实现自身转型，不断提高企业的信息化及现代化水平，缩小与发达国家之间的差距，向“工业革命 4.0”时代前进。现如今，国内的新能源开发、3D 打印等部分创新型企业已站在世界发展前列，能够带动其他企业的发展，促进新一轮革命的展开。

5.1.4 “十三五”规划下的战略升级

在“十三五”期间，要积极实现“中国制造”向“中国智造”的升级，积极参与工业革命，发挥国内制造业的推动作用，带动国家整体经济的发展与飞跃。

◆以大数据、云计算、物联网、移动互联网等改造传统产业

第一，对云计算、大数据、物联网、移动互联网的潜力进行发掘。在“十三五”规划期间，要发挥云计算、大数据、物联网、移动互联网对传统产业升级的推动作用，制定对应的战略措施，促进应用与实践。

第二，通过智慧城市的发展，带动传统产业升级。在信息技术高速发展的今天，科技力量逐渐渗透到生产、生活的方方面面，城市地区的现代化建设水平也不断提高。在“十三五”规划期间，应该大力促进智慧城市的形成与发展，将其纳入国家的宏观发展战略中，通过建设智慧城市，带动传统产业升级。

第三，推动传统产业与云计算、大数据、物联网、移动互联网之间的深度结合。促进工业互联网的发展，实现制造业与互联网行业之间的合作，通过信息资源的共享，将分散在各家企业的信息集中起来，实现企业之间的信息互动，通过云计算、大数据、物联网、移动互联网的应用，为制造业的升级提供更多支持。

◆以新能源与互联网融合发展为重点提升战略性新兴产业

第一，在参与“工业革命 3.0”的过程中，要对智能电网的价值有着充分的认识，通过智能电网的建设，有效促进革命的开展。要利用太阳能、风能等逐渐代替传统能源进行发电，并发挥智能电网的平台支持作用。通过不断提高新能源发电技术、现代化储能技术，再加上智能电网的应用，将太阳能、风能及其他新能源转化之后的电能进行产业化运作，提高电源利用的持续性与稳定性。西方发达国家在认识到智能电网的关键性作用之后，将智能电网的建设提升到全局性战略层面，通过建设与完善智能电网提升战略性新兴产业。

第二，相关政府部门要加快制定智能电网相关的落实政策。将新能源的开发与智能电网的建设联系起来，在此基础上推动新型发电基地的建设，提高能源资源的利用率。在建设智能电网的过程中，要与新兴产业的发展进度相适应，在积极实现工业转型与升级的同时，为新兴产业做好方向指引，减少企业承担的风险。同时，要在物联网、互联网发展时做好配合，加强对微电网技术研发的投资，通过平台化服务运营，推动新能源发电系统的普遍应用。

◆以国内市场需求为导向布局智能制造业

第一，通过发展机器人产业，提高智能制造装备行业的运营效率。在今后的发展过程中，要持续保持智能制造装备行业的快速发展状态，就要增加机器人的供给。产业研究院发布的《2017—2022 年中国工业机器人行业产销需求预测与转型升级分析报告》指出，国内机器人市场销量在 2015 年达 75000 台以上。以机器人供给年增长 25% 来计算，到 2021 年时，国内工业机器人年供给量将达到 28.6 万台。

第二，着力打造本土化的工业机器人品牌。虽然我国对工业机器人的需求量在世界上居于首位，但大多数工业机器人都是西方发达国家提供的。除了欧美国家以外，日本也是工业机器人供应商的集中分布地区，实力型工业机器人供应商 ABB、KUKA、FANUC、YASKAWA 在国内市场所占比重达六成以上。在今后的发展过程中，要加速机器人产业链的建设，为技术研发提供足够的支持，打造本土工业机器人品牌，形成完善的机器人产业链。

第三，扩大智能可穿戴设备在医疗及健康产业的应用范围。可穿戴设备的诞生与发展，能够体现出大数据在制造业中的渗透。国内的健康产业市场规模不断壮大，对可穿戴设备的需求量也在不断提升。智能可穿戴设备在医疗行业中的应用，拥有广阔的发展前景，为了拓宽其应用范围，相关政府部门应该抓紧时间，建立专业的检测部门，制定可穿戴设备的审核标准，为企业生产高质量的产品提供规范性保障，避免在可穿戴设备行业发展过程中出现严重的质量问题，导致市场秩序混乱。

第四，以3D打印机为主导，在智能制造业展开布局。3D打印技术的诞生，从本质上对传统技术进行了革新。除了能够满足客户的个性化需求之外，还能根据企业的发展需求随时进行调整，为制造业的发展开拓新思路。为了促进该技术的发展与应用，相关部门应对其技术发展方向进行规定，为产业发展提供足够的资金支持，同时，要加强对3D打印软件、相关设备、制作技艺等的研究与开发，促进3D打印技术在其他行业中的应用与实践，推动智能制造业的发展。

◆以创新驱动为目标打造产业园区升级版

第一，通过产业园区的建设与发展带动整体经济的进步。同济大学发展研究院研究发布的《2016中国产业园区持续发展蓝皮书》指出，到2015年，国家经开区与高新区实现的国内生产总值，在我国国内生产总值中的贡献率达到25%，同年年底，我国的国家级产业园区达520家，2015年增加的国家级产业园区达32家，其中有31家为高新区。产业园区的经济发展能够为国家整体经济发展注入活力，并有效提升国家的税收总量，增加外汇收入。

第二，通过生产性服务业的发展，提高产业园区的创新发展能力。立足于全球范围内来分析，要促进产业园区的发展，就要发挥生产性服务业的规模效应，以中关村为例，正是因为该地区集中分布了众多生产性服务企业，才促进了当地产业园区的发展，推动了企业的创新实践与应用。为此，产业园区在发展过程中，应该突破传统思维模式的限制，大力促进信息技术服务、物流配送服务、金融服务和节能环保服务等生产性服务业的发展，为其提供支持与帮助。

第三，通过产业园区的发展，为产业创新提供支撑。产业园区为国内的创新实践及应用提供了平台，通过提高产业园区的整体发展水平，提高企业的自主创新能力。为此，国家相关部门应该出台相应的政策并完善体制建设，在参与工业革命的过程中，改革传统的产业结构，明确其发展方向。所以，国家应该在战略层面对产业园区的未来走向进行指导，针对其具体情况实施有效措施，提高整体发展水平。

5.2　创新路径：创新驱动下的制造业智能化转型

5.2.1　技术创新：推动制造业智能化

2008年全球金融危机后，各国经济发展疲软，一些发达国家将目光放在了制造业上，纷纷出台本国的制造业发展战略规划，希望通过发展先进制造业实现贸易增长、研发创新水平提高和就业状况的优化。例如，美国出台的《先进制造业国家战略计划》、日本发布的《制造业白皮书》以及德国提出的“工业4.0计划”等。

制造业是国家竞争力的重要体现。发达国家新一轮的制造业发展战略规划以及全球制造业竞争格局的重塑，对我国来说既是挑战，也是一次“弯道超车”的重大机遇。为此，我国政府出台了《中国制造 2025》行动纲要，提出要通过传统制造业的智能化升级，实现信息化与工业化的高层次深度融合。

“智能制造”是在互联网信息化时代背景下，针对我国传统制造业面临的诸多发展困境和痛点提出的一个转型升级的新方向，是工业制造业发展的必然趋势。因此，“智能制造”并非一个空泛的概念噱头，而是蕴含了深刻的制造业发展的内在逻辑，是基于新常态下市场变化和整体经济转型需求进行的技术创新、组织创新和模式创新，融合了集成制造、精益生产、敏捷制造、虚拟制造及网络化制造等诸多先进制造系统。

在消费社会中，人们的商品需求呈现出越来越多元化、个性化的趋势。这要求制造业转变发展思维与模式，从以往的规模化、成本导向战略变为以用户体验为中心的质量战略、服务战略，即市场多元化、个性化的商品诉求要求制造业缩短商品生产研发周期、降低价格、提高产品品质和服务质量，为消费者带来更好、更丰富的体验。

同时，随着社会环境意识不断提高，环境保护也成为消费者和社会对工业制造的新要求。这意味着以往规模化的制造业发展战略必须升级为综合考虑时间、质量、成本、服务、环保等市场和社会多方面要求的综合性制造服务战略，通过打造先进的智能制造系统兼顾经济与社会效益。市场需求变化对工业制造提出的新要求，成为传统制造向先进制造转型升级的根本动力。

从制造业的整个发展历程可以看出，技术进步是推动先进制造系统发展成熟的关键因素。正如蒸汽机的发明带来了第一次工业革命，将人类生产方式从手工作坊推向机械化大规模生产那样，发源于 20 世纪后半期的互联网信息技术革命，也为传统制造产业注入了新的活力，计算机集成制造、敏捷制造、虚拟制造等各种创新技术系统推动了先进制造的快速发展。

大致来看，从 20 世纪 50 年代的数控机床技术，到 60 年代的计算机数控、计算机辅助设计与制造技术，到 70 年代的计算机集成制造技术，再到今天的虚拟制造、3D 打印、智能制造等，技术的不断进步持续推动着传统工业制造向先进制造系统转型升级。

5.2.2 组织创新：变革传统管理模式

除了技术创新，组织方式创新也是推动先进制造系统发展的重要因素，有助于充分挖掘、发挥出新技术的生产制造能力。例如，福特的流水线作业就是从组织层面对传统家庭作坊式生产组织方式的颠覆创新，大幅提高了生产制造效率。从 19 世纪中叶到 20 世纪中叶，这种流水线大规模生产的组织方式一直被广泛应用。

不过，20 世纪后期进入消费社会后，市场需求变得越来越多元、个性且复杂，从而要求工业制造从以往的规模化刚性生产转向多品种、小批量、短周期的柔性化制造。相应地，工业制造的组织方式也从层级明确的科层体制转为扁平化、无中心、矩阵式的组织管理模式。

日本丰田公司采用的精益生产方式就围绕销售（用户需求）组织产品研发生产，按照接到的客户订单进行多品种、小批量的商品生产。在组织方式上，则将生产人员划分为一个个作业小组，这些小组不仅承担生产制造的任务，还会参与到企业的管理工作中。

美国一些大企业构建的敏捷制造模式，就是一种对市场进行快速响应的组织方式，主要借助互联网实现企业内部不同工作小组间的交流协同、异地设计与制造等，打造最优动态联盟，从而有效应对消费者需求变化以及对高品质产品与服务的要求。

随着互联网逐渐成为社会生产生活的基础设施，工业生产进入网络化制造阶段。一些企业转型为平台型企业，借助互联网连接、开放、共享、共赢的特质打造研发平台、营销平台和信息平台，通过与大量中小企业等合作伙伴的连接整合，获得远超自身体量的资源与生产制造能力，最终构建出一个高度开放的生产制造生态系统。在组织方式上，这种依托互联网打造的制造系统更为扁平化，生产者与消费者的连接也更加直接便捷。

5.2.3 模式创新：以顾客体验为中心

在以消费者为中心的时代，工业制造的模式创新主要是围绕更好地响应消费者需求进行的，即如何通过模式创新更好更快地满足消费者对产品和服务的多元化、个性化诉求，以在日益激烈的制造业市场竞争中建立优势地位。例如，美国波音、通用电气等大企业通过并行工程模式对产品和相关过程进行协同设计开发，实现了对市场需求的快速响应；德国大众公司则通过对生产方式的模块化创新，构建出有机融合规模化制造和个性化大规模定制生产模式，从而在确保成本优势的情况下充分满足消费者对产品的个性化诉求。

此外，在消费升级的背景下，服务型制造模式成为制造业发展的重要方向。消费者不仅希望获得优质产品，还希望获得更多的增值服务和价值体验，这就要求制造企业从单纯的产品供应商转变为以“产品＋服务”形式提供整体解决方案的服务商。例如，世界三大航空发动机厂家之一——英国的罗尔斯·罗伊斯公司不仅为客户提供质量过硬的航空发动机产品，还在传统的维修服务之外提供众多增值服务，为客户创造出更多价值，从而深受客户认可与青睐。

总体来看，先进制造系统是以顾客体验为中心，通过技术创新、组织方式创新和模式创新，及时响应快速变化的市场需求，实现优质、高效、低耗、清洁、灵活生产，达到经济效益与社会效益的统一。

先进制造系统并不是一个固定的形态，当前阶段主要体现为“智能制造”，即依托互联网、移动互联网、物联网、大数据、云计算等先进的信息化技术，推动工业制造从集中式控制转向分散式增强型控制，并通过“双网融合”（物联网和互联网）与“三项集成”（纵向集成、横向集成和端对端集成），打造智能化、社会化的工业制造形态。

我国传统制造企业转型“智能制造”时，不应盲目求新求快，而要根据企业自身状况和发展需要制订合理的转型战略规划，以技术创新、组织创新和模式创新为切入点，逐步构建出融合物联网、云计算、大数据等诸多先进技术的智能制造模式。

5.2.4 实现智能制造转型的六大条件

在制造领域掀起的新一轮技术革命，着眼于对基础操作的优化与升级。对传统制造企业而言，要使自身运营适应外部市场环境的变化，提高自身发展的持续性，进行数字化改革，向智能化方向转型。

随着数字化革命的开展，仓库机器人在诸多物流企业、制造企业中得到广泛应用。这种智能设备不仅能对货物的地理位置进行准确定位，对货架上的各类商品进行分拣处理，还能利用自身的视觉导航功能，在运输货物的过程中，躲避其他设备及移动物。以前只出现在电影中的虚拟产品，如今在科技发展的基础上已经变成现实。不仅如此，很多智能化科研成果已经在人们的日常生活与企业的生产过程中得到了切实应用。制造企业要跟上时代发展的脚步，就要敢于突破传统思维的限制，为此，企业应该实现信息、通信及领先技术的融合发展，发挥大数据、云计算、物联网的优势，加强智能机械设备、应用体系、人才管理之间的联系，不断增强企业的核心竞争实力。

在这里，对传统制造企业在向智能化转型过程中应该具备的六大条件进行分析。

◆敏捷网络的生产现代化

立足于企业的生产环节来分析，传统的基础架构方式，给企业的领先技术引进与应用造成阻力。举例来说，有些生产企业所在地区未实现网络覆盖，企业引进的信息技术设备无法正常使用。除此之外，许多领先技术工具，如大数据统计与分析技术，也因为企业的宽带条件有限，无法进行数据资源的传输与技术处理。为了强化对各环节运营流程的控制，企业还要建立完善的通信系统。

需求环境的变化对传统制造业提出了更高的要求，即便如此，很多企业在技术应用方面仍然停留在传统模式下，导致其运营效率难以提高。

针对上述问题，制造企业应该对传统模式进行创新，为企业的技术应用提供解决方案。华为推出的敏捷网络系统，能够为企业提供高速宽带支持，为企业的网络接入与联通提供完善的服务。企业可以在发展过程中，逐步升级自身网络系统，改革原有基础架构，使其更符合企业的发展需求。

◆互联互通的数据中心

要提高企业运营的智能化水平，就要加强企业与客户、企业与供应商、企业与其他企业，以及企业各个部门之间的沟通互动，运用数据管理系统对企业的业务流程进行监管。因此，企业应该对制造过程的各个环节实行数字化管理。在具体的实施过程中，相关部门需要注重对数据信息的获取与存储，实现不同部门间的信息共享，简化企业管理过程中的层级，提高数据系统应用的灵活性，并对数据应用进行严格审核。

◆协作安全的研发网络

企业要促进研发活动的价值发挥，就要实现各个部门的互联互通，还要实现与合作企业之间的信息共享。所以，制造企业应该注重通信网络的建设与完善。开展研发活动离不开网络信息系统的支持，为此企业需要加大对网络建设的投资力度，还要注重系统的维护工作。除此之外，还要加强对关键数据资源的监管力度，逐步提高工作效率。企业还可以应用智能技术提高自主创新能力，在原有基础上进一步推动自身发展。

◆现代化的信息安全管理

如果企业忽视了数据管理，就容易导致数据应用过程中出现安全问题。相反，在保证数据安全的基础上，企业能够充分发挥各个部门间的协同作用，实现数据资源的整合利用。对制造企业而言，其安全管理应该聚焦于对外部接口的审核、对终端接入的监管、远程数据存储与分类管理等方面。企业要通过实施安全管理，避免因数据资源使用不当给企业发展带来不利影响。

◆拥抱数字化时代

制造业在发展过程中，会通过领先技术的应用，打破行业内不同系统之间的隔绝状态，通过网络化建设，促进行业内部的合作。为了加强不同环节之间的协作，很多经济参与主体积极进行创新，利用集成化方式发挥各自的优势。在这方面，华为在为客户提供信息统计技术服务的同时，聚焦于帮助企业提升运营效率。

华为与通用电气公司于2016年7月达成战略合作关系，通用电气公司开放了自身的Predix工业物联网操作系统，华为拥有领先的信息通信技术，包括大数据管理系统、网络控制器，两者之间的强强联手，能够有效推动传统工业的转型与升级。

◆数字化和自动化解决方案

华为在2016年与机器人技术供应商KUKA达成合作关系，双方联手进行大数据、云计算、无线技术的研发与创新，致力于提高制造业生产的智能化水平；同年，华为与电力和自动化技术集团ABB达成合作关系，通过将华为的智能化产品与ABB的机器人技术相结合，促进机器人产品的生产，并通过大数据优化其实际应用过程。不仅如此，很多国际知名的汽车制造企业与科研机构，在华为的帮助下，建成了计算集群系统。

在未来的发展过程中，制造企业仍然需要着力进行技术改革与创新。为了适应瞬息万变的市场环境，制造企业需要提高对数据资源的利用效率，通过更好地对接市场需求，完成企业的智能化转型与升级。

第 6 章
“一带一路”：推动我国制造业产业结构升级

6.1 “一带一路”战略下我国制造业的发展机遇

6.1.1 我国“一带一路”的战略构想

从 2013 年习近平总书记提出“一带一路”倡议以来，这一有机结合我国与区域乃至全球经济发展的宏伟战略构想便受到各方的广泛关注和积极参与，并逐渐改变了现有的全球经济发展格局。例如，美国退出 TPP 协定（Trans-Pacific Partnership Agreement，跨太平洋伙伴关系协定），向我国派出“一带一路”代表团。

随着近几年“一带一路”建设的快速推进，沿线区域合作在深度、广度方面取得了斐然的发展成果。2017 年 5 月北京举行的“一带一路”国际合作高峰论坛上，达成了 76 大项、270 多项具体合作成果，覆盖政策沟通、设施联通、贸易畅通、资金融通、民心相通“五通”工程各个方面。

“一带一路”建设要以“五通”为目标引导，以点带面、从线到片地逐步推动区域经济要素合理自由流动，实现区域资源要素的优化配置和高效利用，深化不同市场间的有机融合，从而实现区域经济一体化。

“一带一路”是放眼全球提出的推动经济更好、更快发展的宏伟战略构想，是在经济全球化和区域经济一体化不断深化、新一轮技术与产业革命引发全球经济格局深刻变革、沿线各国处于经济转型升级关键期的背景下，统筹国内国际两个大局做出的重大战略决策。

“一带一路”战略构想的提出，有利于深化新时代我国经济的对外开放水平，激发区域经济活力，满足沿线各国的发展需求，打造优势互补、合作共赢的“命运共同体”，拓展更多的发展机遇和空间。

同时，“一带一路”战略构想也是对国际社会上出现的“中国威胁论”的有力反驳：“一带一路”是以平等、包容、理解、合作、共赢等精神为基础的，非但不会因本国发展而损害他国利益，还会通过构建优势互补、互惠合作的“利益共同体”实现共同发展繁荣。

2014年6月5日，习近平在中阿合作论坛第六届部长级会议上提出：中阿双方要以共建“丝绸之路经济带”和“21世纪海上丝绸之路”为契机，在“丝路精神”的指引下不断深化各方面的合作，构建互惠互利、共同发展的全新战略合作关系。

“一带一路”战略构想不是一个封闭的体系，而是基于开放包容、互利共赢理念的经济合作蓝图，因此其范围并不局限于沿线国家和地区，任何有意愿的经济体都可以参与进来共同建设、共同发展。这使“一带一路”战略构想拥有了更大的发展活力和无限广阔的想象空间。

从当前全球经济发展格局与态势来看，亚洲地区已成为世界经济增长的主要引擎，是推动经济全球化的中坚力量。这一背景下，我国提出的“一带一路”战略构想不仅顺应了时代潮流，也是对如何凝聚亚洲各国共识与力量、打造“利益共同体”和“命运共同体”、实现和平发展与共同发展等问题深刻思考的结果。

经过几年的推广建设，“一带一路”战略构想已获得世界各国的普遍认同，并吸引着越来越多的国家和经济体参与进来。在“丝路精神”指引下，一条横贯东西、互利共赢的宏伟发展蓝图正铺展开来，并不断拓展覆盖范围，惠及更多地区和人民，从而打通了“中国梦”与“世界梦”，实现各国的共同发展与繁荣。

从我国经济发展的角度来看，“一带一路”战略是新常态下我国构建更高水平对外开放格局、推动我国经济全面深度融入全球经济、提升我国经济世界影响力的重要路径，也为我国整体产业结构的转型升级提供了更多契机和空间。例如，“一带一路”建设追求的“五通”目标，已超出单纯的经贸合作投资范畴，覆盖到民航通信、检验检疫、文化交流、科技创新、新闻合作等诸多领域。

这种多领域、全方位的合作也为“一带一路”建设拓展了更大的想象空间。相关数据显示，2014—2016 年，我国对“一带一路”沿线国家的投资规模超过 500 亿美元，预计未来 5 年内的投资总规模将达到 1500 亿美元。

6.1.2 对接“一带一路”与智能制造

近些年，我国制造产业加速升级，“中国制造”正从以往低端的服饰鞋帽转向高铁、核电、工程机械、高端海洋工程等领域。同时，我国的航空航天、卫星通信等高新技术领域也发展强劲。

基于此，我国在 2015 年提出了“中国制造 2025”制造强国战略十年行动纲要，通过五大工程（制造业创新中心建设工程、强化基础工程、智能制造工程、绿色制造工程和高端装备创新工程）和信息技术、高档数控车床、先进轨道交通等十大重点领域的发展建设，推动传统制造业的智能化转型升级，提高我国制造业国际竞争力。

“一带一路”建设则能为“中国制造 2025”战略的实施落地提供更

大的市场空间和机遇。“一带一路”沿线多数国家工业化水平相对滞后，对基础设施建设、矿产资源开采技术与设备、通信互联技术等有着迫切需求，从而为我国高铁、航空航天、电力装备、海洋工程等产业领域“走出去”进行国际装备制造合作提供了更多机会和市场空间。

因此，我国装备制造企业要积极发掘并抓住“一带一路”建设带来的众多机遇，为高端装备“走出去”拓展更大的市场空间；加快从产品输出向技术输出转型，提升高端制造业的市场形象和竞争力，以在国际产业价值链中占据优势。

我国成功的发展经验表明：工业园区建设是吸引资金、资源、技术、人才、信息，实现产业集聚和集约，获取规模效益的有效路径。这一成功模式也被应用到“一带一路”建设中。相关数据显示，截至2017年3月，我国企业在“一带一路”沿线20个国家建立了56个经贸合作产业园区，投资规模超过180亿美元。

将成熟的产业园区运作经验应用到“一带一路”建设中，加快布局自贸区，打造产业深度广泛合作的多种类型的海外经济合作园区，从而既充分满足沿线国家的产业化发展需求，又促进我国制造产业产品、技术、经验、模式等的顺利输出。

政策层面，要不断深化与沿线国家的自贸区建设，鼓励地方政府和产业园区在沿线国家建立产业园区试点，使产业合作园区成为我国产品、产业和技术输出的重要渠道。

操作层面，应充分发挥我国的资本与技术优势，精准对接沿线国家或地区的产业发展需求，创新对外投资与合作模式，打造海外经济合作园区。鼓励国内产业园区积极“走出去”，将自身成熟的发展理念、管理模式、体制机制、人才队伍建设等应用到境外产业园区建设中，并依托境外产业园区与沿线国家开展各种项目合作，最终实现通过价值链布局产业链，依托产业链建设产业园区，以园区经济拓展深化跨国产业合作的创新发展形态。

6.1.3 “一带一路”引领制造业转型

“一带一路”作为一种对外开放新战略，是以我国产业转型升级、整体经济处于关键拐点期的新常态为背景的。因此，我国在推动传统制造向智能制造转型升级时，不仅要从国内角度考虑制造产业的变革升级问题，也要紧紧抓住“一带一路”建设带来的巨大区域市场空间和发展机遇。

一方面，经过几十年的高速发展，我国工业产业已从单纯的技术引进、学习模仿走向注重自主创新的发展阶段，具备了一定的产业对外输出能力；另一方面，长期不合理发展又使我国工业制造业面临着产能过剩、供需结构失衡等诸多问题。

因此，我国应积极学习发达国家的海外投资经验，借助“一带一路”建设带来的巨大市场机遇和空间，积极在沿线国家进行资本、资源、劳动密集型产业的投资布局，从而满足这些工业落后国家的产业发展需求，加快国内产业转型升级和“走出去”步伐。

从具体的行业领域来看，我国的工业原料、机械、建筑工程等领域处于世界领先水平，且在国内已处于饱和状态。“一带一路”建设为这些行业过剩产能的输出提供了巨大的市场空间。不过，由于沿线国家经济、政治、文化等方面的巨大差异，我国在进行过剩产能转移输出时必须高度重视防范和化解政策、管理、环保等各种风险。

制造业项目规模大、建设周期长，需要较为稳定的政治环境和连贯的政策支持。然而，“一带一路”沿线国家多是国际纠纷与冲突多发地带，对外是世界大国的博弈“战场”，对内则存在政权交替频繁、民族宗教矛盾突出等问题。

我国企业在这些地区进行投资建设时必须具有高度风险控制意识，努力获得东道国政府的认可与政策支持，尽量避免因政局和政策变动造成项目失败。例如，韩国钢铁企业浦项在2013年7月退出了在印度卡纳塔克邦地区投资的年产能600万吨的矿山开采项目，主要原因就是该地区在土地、铁矿山开采等方面政策变动频繁，导致这一项目拖延了8年时间尚未完成。

“一带一路”沿线涉及众多民族，其文化、语言和宗教信仰均不同，从而对海外项目的日常运营管理提出了更大挑战。我国企业在对沿线国家和地区进行投资时，不能局限于资源、市场、直接成本、税收优惠政策等“硬”环境的考察，还要充分考虑地区文化、宗教信仰等“软”环境，不断提升处理不同地区劳资关系、宗教信仰等问题的能力。

“一带一路”沿线国家的经济发展水平大多相对滞后，生态环境保护方面的法律法规体系并不健全。不过，随着各国经济发展水平的提高和对生态环境问题的不断重视，相关的环保法律法规必将日益完善。这就要求我国企业在这些地区进行投资布局时应具有前瞻性的长远眼光，在项目生产运营之初就高度重视环保问题，避免因东道国环保要求提高而投入大量资金升级环保设备等高成本风险。

6.2 “一带一路”下我国与东南亚的产能合作

6.2.1 东南亚地区制造业发展现状

自“中国制造2025”与“一带一路”战略推行以来，在具体落实与操作方面，这两大战略都取得了不错的成果，当然也出现了一些亟待解决的难题，其中的核心问题就是东南亚地区的工业经济增速逐渐下降，国际合作项目呼声高但是难以落实。

东南亚地区有 11 个国家，除东帝汶之外，另外的 10 个国家（缅甸、老挝、越南、泰国、柬埔寨、马来西亚、菲律宾、文莱、新加坡、印度尼西亚）都是东盟（东南亚国家联盟）成员国。一直以来，我国都与东南亚地区保持了密切的经贸往来，对于缅甸、越南、马来西亚、新加坡等国来说，我国是第一大贸易伙伴。

近年来，受各种因素的影响，如地缘政治、全球经济增长乏力等，我国与东南亚地区的经贸往来逐渐减少，产能合作进程也逐渐放缓。但由于我国与东南亚各国属于近邻，地理位置与产能结构非常相似，资源与能源互补，所以在高铁、通信、核电等领域，我国与东南亚各国的合作空间仍然较大。

现阶段，东南亚地区的制造业表现出了鲜明的特征：大部分国家的制造业处在工业化初级阶段，整体水平一般，工业增加值在国家 GDP 中所占比重不高，以加工制造业为主，各国制造业的竞争力存在很大差距。

世界银行 2015 年公布的数据显示，东南亚各国的工业增加值在本国 GDP 中所占比重都较低，除新加坡之外，大部分国家的制造业都处在工业化初期或中期，新加坡处在后工业化时期。在制造业层面，东南亚地区的制造业多为加工制造业。

另外，东南亚各国的制造业在竞争力方面有较大差距，其中新加坡、泰国、马拉西亚、越南、印度尼西亚几国制造业的竞争力比较强，在德勤《2016 全球制造业竞争力指数》报告中，这几国排名都在前 20 名内。相比较而言，缅甸、柬埔寨、老挝等国制造业的竞争力要弱很多。

一直以来，我国与东南亚各国都有密切的贸易往来，拥有良好的经济基础以开展产能合作。2015 年，CABC（China-ASEAN Business

Council，中国—东盟商务理事会）发布《中国—东盟自贸区季度报告》，报告显示 2014 年中国与东南亚地区的贸易额达到了 4803.94 亿美元，同比增长 8.3%，说明中国与东南亚地区的经贸合作实现了迅猛发展。

另外，我国与东南亚各国建立了稳定的贸易投资合作机制。我国与东盟的对话始于 20 世纪 90 年代初，1996 年，我国与东盟建立了全面对话关系，成为东盟全面对话伙伴国。2001 年，中国提出了与东盟建立自由贸易关系的倡议；2002 年，中国与东盟十国签署了《中国与东盟全面经济合作框架协议》；2010 年，中国—东盟自由贸易区（China and ASEAN Free Trade Area，CAFTA）正式启动。

以中国—东盟商务理事会、中国—东盟中心为基础，中国与东盟成员国可以更好地开展政治对话与经贸往来，以“10+1”“10+3”“10+8”这三大合作机制为基础，中国—东盟自由贸易区可以升级、发展。2015 年，中国政府主导成立的 AIIB （Asian Infrastructure Investment Bank，亚洲基础设施投资银行）专门为亚洲各国，尤其是东南亚各国的基础设施建设提供资金支持，进一步密切了中国与东南亚各国的关系与往来。

从总体来看，我国与东南亚各国开展产能合作的需求较大，核心需求有三：一是加速工业化进程，二是加强基础设施建设，三是吸引技术投资、扩大双边贸易。要想让这三大核心需求落地，需要采取以下几项措施。

◆产业对接，推进工业化进程，增强核心竞争力

东南亚很多国家的工业起步时间较晚，工业化进程缺少充足的资金、科学的产业政策与先进的技术经验的支持，对工业尤其是制造业核心竞争力的提升产生了不良影响。作为制造业大国，近年来，中国经济实现了高速发展，用工成本、用地成本不断上升，国内产能过剩，受这些因

素影响，纺织、钢铁、服装、电子信息等国内优势产能开始朝东南亚国家转移。借此之际，东南亚国家可以提升工业制造业的核心竞争力，带动区域经济更好地发展。

◆加强基础设施建设

在与东南亚国家开展产能合作方面，加强基层设施建设是一大契机。从长期来看，一个国家与地区的经济发展深受基层设施建设的制约。东南亚国家大规模的基础设施建设势必需要大量的建材，这就为我国过剩优质产能“走出去”提供了广阔的市场空间。

印度尼西亚政府于 2014 年底公布了《2015—2019 年中期改革日程与经济发展规划》(下简称《规划》),《规划》提出印度尼西亚要在 5 年内建设 1000 公里的高速公路、3200 公里铁路、2015 年 10 月，我国与印度尼西亚就雅加达—万隆高铁项目签订了合同，标志着中国高铁“走出去”战略迈出了成功的第一步。

◆扩大技术投资与贸易合作

我国与东南亚国家产能合作要以扩大技术投资与贸易合作为立足点。与东南亚各国相比，我国在机电产品、电子信息、新能源等领域拥有更先进的技术与更丰富的经验。加大我国在东南亚国家的技术投资，能有效弥补东南亚国家在技术领域的不足，在加强区域合作的同时还能为当地经济发展提供有效助力。

对于东南亚国家来说，中国内地市场是其出口贸易的一个主要市场，加大贸易合作，东南亚国家的工业制造业能实现迅速发展，产业结构也能实现有序升级。在产业结构方面，我国与东南亚国家非常相似，二者资源互补，加大与东南亚国家的产能合作，能达到互惠互利的效果。

6.2.2 我国与东南亚产能合作的领域

以东南亚国家的需求为依据，将其与我国产业发展现状与优势结合考虑，以东南亚国家的重大基础设施建设与核电水电能源建设为依托，从高铁、高技术船舶等先进交通基础设施与运输装备，核电等清洁能源设备，通信设施与服务等领域切入，开展产能合作，为双方产业结构升级、经济迅猛发展提供助力与支持。

◆先进交通基础设施建设领域的产能合作

东南亚国家工业起步较晚，交通基础设施建设不健全，在很大程度上对当地经济的高速发展与地区发展产生了制约。亚行 2009 年发布的资料显示，在 2010—2020 年，亚太地区将投资 8 万亿美元用于基础设施建设，平均每年将拿出大约 7300 亿美元进行基础设施建设，其中近 50% 的资金将流入东南亚地区。在总基建资金中，交通道路建设所用资金占比约为 30%。

近年来，在国家的推动下，中国高铁装备斗志十足地想要“走出去”。目前，中国高铁装备出口市场已覆盖了 50 多个国家和地区，遍布亚洲、欧洲、美洲、大洋洲与非洲。“一带一路”战略倡导沿线各国做好基础设施建设，尤其是交通网络建设，让中国高铁“走出去”战略更有意义。中国高铁不负众望，以性价比高、施工速度快、适应性强等优点获得了越来越多的订单，在世界市场上大显神威，受到了世界各国的广泛关注。

虽然我国基础设施建设产业，如高铁，成功推行了“走出去”战略，发展势头良好，但同时也面临很多问题，如市场竞争激烈、品牌竞争力不强、国际认可度较低、深受地缘政治经济影响等。为了解决这些问题，我国必须进一步加强国际合作，对高铁国际化标准体系进行细化、完善，参与国际高铁规则与标准的制定，冲破海外标准的限制，让中国高铁标准与国际对接，获得国际社会认可。在东南亚各国之间，我国要做好国别研究，与 RCEP 区域战略相契合，深入东南亚国家的基础设施建设。

◆能源领域的产能合作

我国与东南亚国家在核电、水电、光伏等能源领域有巨大的产能合作潜力，随着经济发展，东南亚地区的能源需求越来越大。国际能源署发布的资料显示，目前，在东南亚地区，有 20% 的人口缺乏电力供应，预计到 2040 年，东南亚地区的能源需求将增长 80%。

在水电领域，东南亚地区有丰富的水电资源，但没有充足的资金与先进的开发技术，导致水电行业发展缓慢。我国水利发电技术比较成熟，国内的水电资源趋于饱和。对于国内的水电企业来说，水电“走出去”有助于企业升级发展。据国际可持续发展研究所 2014 年发布的数据显示，在东南亚地区，中资企业计划或参建的水电项目达到了 100 多个，参与跨国能源产能合作的中资企业众多，包括大唐集团、国网能源、中国葛洲坝集团公司、中国水利水电等。

另外，据 2015 年 IMS Research 发布的报告显示，2016—2020 年，东南亚地区的光伏产业将实现高速发展，光伏安装总量将以年均 50% 的速度增长。2016 年，东南亚地区的光伏安装总量为 5 吉瓦，是 2014 年的 4 倍。对于我国光伏产业来说，泰国、印度尼西亚、菲律宾的市场发展潜力巨大。

中国与东南亚国家在能源领域的产能合作方式有两种：第一，我国的电力企业“走出去”，积极参与东南亚国家的能源建设，面对东南亚地区巨大的电力需求，我国电力企业要做好项目分析，借技术优势与资金优势在市场竞争中取胜；第二，积极开展电力贸易，实现区域电网联通。一般来说，光伏发电站的建设周期是 3 ~ 5 年，水电站与核电站的建设周期更长，因此，我国与东南亚国家的产能合作可以采用开展电力贸易、建设输电网络这种省时的方式。

在电力网络建设方面，中国与越南、缅甸、老挝，老挝与泰国之间的跨境电力通道已经存在，借助地域优势，中国电力企业能通过新的产能合作渠道与东南亚国家开展合作。南方电网发布的数据显示，2004—2014 年，南方电网累计向越南输送 300 亿千瓦·时的电，累计向老挝输送 5 亿千瓦·时的电。

◆信息通信领域的产能合作

在信息通信领域，我国在与东南亚国家开展产能合作方面制定了一系列文件，为双方合作奠定了扎实的基础。

近年来，随着东南亚国家移动互联网的爆发式增长，我国与东南亚国家在多个领域形成了巨大的合作空间，如信息通信领域、宽带网络领域、网络安全领域、信息通信设备制造领域、网络融合领域等。

但是，东南亚各国之间的信息通信发展水平有很大差距，以互联网使用人数为例，新加坡每百人中有 82 人使用互联网，是泰国的 2.35 倍，是缅甸的 39 倍。由此可见，在信息通信产业领域，中国与东南亚国家有广阔的合作前景。据中国—东盟中心发布的数据显示，在 2014—2018 年，中国将为东盟培训信息通信技术与管理人才 500 人次。

在信息通信领域，中国与东南亚国家的合作方式有两类：一是中低端通信设备产品制造，二是高端信息服务业。在中低端通信设备产品制造方面，我国通信企业要将当地劳动力成本低、土地成本低的优势充分发挥出来，做好产业与技术转移。需要注意的是，企业要以当地的市场需求为依据做好产品定位与市场定位，借中低端通信设备产品撬动东南亚市场。

在信息服务业方面，国内的信息服务企业可采用海外并购等方式进入当地市场，迅速提升自己的影响力，扩大自己的知名度。

◆运输装备领域的产能合作

在我国与东南亚国家的产能合作方面，运输装备是重点合作领域。东南亚国家的产业多为劳动密集型产业，以服装加工、农产品加工等低端制造业为主。所以，在制造业发展的众多制约因素中，物流运输就成了关键制约因素。尤其是马来西亚、越南、柬埔寨等以商品贸易为主的国家，船舶运输是对外贸易的主要通道。

以印度尼西亚为例，根据印度尼西亚工业部发布的资料，2015—2025年，印度尼西亚对各类船舶的需求将达到4000艘。由于国内的造船水平有限，印度尼西亚将自己的造船业市场无条件地对外开放，以吸引外资进入。从2012年开始，在全球船舶制造领域，我国已成为第一接单国。我国造船业产能过剩，在船舶建造方面与印度尼西亚开展产能合作，能有效消化我国造船业过剩的产能。

我国与东南亚国家就运输装备开展产能合作需要面临激烈的市场竞争。以泰国为例，2015年，我国出口到泰国的运输装备数量同比下降了11.15%，在泰国运输装备进口总量中占比10%，相较于日本的26.1%和美国的19.9%来说要低很多。

在运输装备领域推进我国与东南亚国家的产能合作，要从政治与经济两个层次采取措施。

在政治层面，我国要与需求国就产能合作事宜进行商讨，签订合作备忘录，建立协调机制，对国内的行业企业资源进行整合，增强市场竞争力。

在经济层面，我国可采用3种方法促进产能合作：第一，就船舶、汽车等运输装备开展贸易合作，满足合作国的需求；第二，与合作国家或地区的企业合作，出口成套的船舶机械制造装备，同时推动我国运输交通机械装备进一步发展；第三，推行国际产业转移战略，以国企为主、民企为辅的方式在海外投资建厂，进行运输装备的生产与制造，满足合作国对运输装备的需求。

6.2.3 推进开展产能合作的措施建议

推动我国与东南亚国家开展产能合作的目的不是单纯地让产能“走出去”，而是为了更好地实施“一带一路”战略，为“21世纪海上丝绸之路”建设奠定扎实的地区基础。当然，在实践的过程中，我国与东南亚国家的产能合作存在诸多问题，如地缘政治风险、海外技术标准壁垒、投融资难题等。为了应对这些问题，我国应做好顶层设计，提升风险管控能力，推动产业园区升级，培养国际复合型人才。

◆做好顶层设计与布局

在“一带一路”战略推行的大环境下，我国要站在全球的高度，做好顶层路线设计，对全球产业链布局进行深度剖析，对国内企业与社会资源进行整合，汇聚全部力量推动国际产能合作有序开展。

区分政府责任与企业责任，政府的责任是提供优质的公共服务，使多边国际金融机构的作用充分发挥出来，为中国与东南亚地区的产能合作提供资金支持；企业的责任是增强自己的竞争力与跨区域管理能力，降低企业运营成本，提升自己在海外市场上的知名度与影响力，打造海外品牌，为中国与东南亚地区的产能合作提供智力支持。

中国与东南亚地区的经济发展水平不同，产业结构不同，不能采用“一刀切”“复制粘贴”的发展模式，要做好国别研究，以合作国的需求为依据开展产能合作。中国高校、咨询公司、研究机构必须面向东南亚国家积极开展国别研究，在社会科学各学科领域为中国企业“走出去”提供理论指导与智力支持。

另外，双方政府、企业要以中国—东盟友好合作条件等为基础，将中国—东盟中心、中国—东盟博览会、领导人互访等对话机制的作用充分发挥出来，深化政治互信，构建健康稳定的发展环境，推动中国与东南亚各国全面合作。

◆探索产业园区合作升级的有效模式

在与东南亚国家的合作中，加强经贸合作是重点内容。为了完成这一目标，要尽快推动中国—东盟自贸区升级，进一步开放市场，推进贸易与投资合作。通过产业园区建设，产业集群效应能充分发挥出来，朝产业链条延伸，让中小民营企业可以组团“走出去”。

产业园区建设可采用集成式发展模式，融合产业园区、文化交流、特色旅游、医疗、互联网、教育等多种功能，将其文化价值、经济价值、政治价值充分挖掘出来。例如，中国与马来西亚联合建设了“两国双园”（中马钦州产业园和马中关丹产业园），中国在柬埔寨建设了西哈努克港产业园区，这两种模式都颠覆了传统的产业园区建设模式，成功实现了创新。现如今，“两国双园”模式与西哈努克港模式正在泰国、印度尼西亚等国家推广使用。

◆健全风险防范监测与监管体系

产能合作过程中会出现诸多风险，如地缘政治风险、经济风险、舆论风险、信用风险等。为了防控地缘政治风险，我国在选择合作伙伴、发展投资国时要理性分析，做出准确判断，深入了解合作国的相关法律，与东道国建立战略互信，对东盟国家的政治风险进行科学评估。

为了规避经济风险，在选择投资项目之前，我国企业要理智、科学地对项目发展前景与投资回报进行分析，以东道国的实际情况为依据对项目融资方式进行选择。如果东道国资金充裕，可选择从东道国贷款的方式融资；如果东道国资金有限，但有丰富的能源与资源，可采用“技术投资换能源”的方式进行合作；如果东道国是发达国家或新型市场国家，项目的收入预期又比较好，可以采用BOT(Build Operate Transfor，建设、经营、转让）或BOOT(Build Own Operate Transfor，建设、拥有、经营、转让）等方式进行融资。

为了规避国外舆论风险，我国可以与投资国的企业合作，共同对项目进行开发、建设；为了规避信用风险，我国要制定境外风险预警与突发事件应急处理机制，在投资之前制定完善的信用风险防范预案，组建专业的法律专家队伍，从法律层面对突发事件进行解读，以制定具有针对性的解决措施。

◆ **完善人才供给体系**

中国企业“走出去”要立足本土化策略，从各个角度切入，与东道国开展合作，充分利用当地资源，对东道国的经济、政治、法律、文化、风俗等内容进行全面了解，入乡随俗、落地生根。同时，我国要积极参与高铁设备、电力设备、航空航天等行业国际标准体系的制定，持续提升我国工业软实力。

另外，我国还要与东南亚国家合作做好人才培养工作，培养国际复合型人才，通过人才交流、培训、互访构建完善的人才培养体系，实现人才红利共享。同时，在产能合作的过程中，我国还要将丰富的海外华人华侨资源的作用充分发挥出来，为我国企业“走出去”提供有效的支持与保障。

Part 3

交通篇：

新常态下的智能交通时代

第 7 章 高铁经济：开启中国高铁智能时代

7.1 高铁全球化："一带一路"战略下的机遇与挑战

7.1.1 中国高铁"走出去"的战略优势

近年来，我国的铁路事业，尤其是高铁迅猛发展，国际影响力与日俱增。在这种情况下，"走出去"、拓展海外市场就成了我国高铁的必选之路。在我国的"走出去"战略中，高铁是非常重要的组成部分。高铁"走出去"的不仅是产品，还有技术和服务，对推动我国出口商品转型——从货物贸易转向技术贸易、服务贸易，实现高层次的"走出去"具有重要意义。对于我国高铁来说，现在是"走出去"的最好时机，当然在这个过程中也会面临一些问题，需要克服一些困难。

我国高水平的高铁技术为走向世界奠定了扎实的基础。先进的高铁技术是我国的荣耀，可以展示大国形象。现如今，对于中国来说，高铁已成为一张非常重要的走向世界、与他国建立友谊的名片。

在我国经济高速发展、科技水平迅速提升的背景下，我国的高铁也实现了迅速崛起，“中国高铁”的世界影响力与知名度正在迅速提升。在与英国、泰国、罗马尼亚等国的国际贸易交流中，高铁显然已成为我国走出去、与他国开展贸易的重要武器。现如今，在国际市场上，中国高铁的影响力越来越大，凭借高铁，我国可以加大与世界贸易战略合作的力度，同时，中国高铁也能成功地走向世界。在这种情况下，中国高铁迎来了重大的发展机遇。

中国高铁的发展机遇来自它的竞争优势。中国高铁有五大竞争优势，具体分析如下。

第一，综合技术能力。中国高铁引进、整合了世界先进技术，70%的高铁技术已实现了国产化。在短短的几年内，在工程建造、系统集成、列车控制、高速列车、客站建设、运营管理等领域，我国高铁掌握了一系列核心技术，形成了拥有自主知识产权的核心技术体系。

第二，建设成本优势。相较于国外的高铁来说，我国高铁造价非常低，只有国外的1/3 ~ 1/2。在世界竞争中，我国高铁的成本优势充分展现了出来。

第三，工业优势。中国运营的高铁在国际高铁中的占比超过了45%，所拥有的高铁供应链庞大、系统、完整、高效。

第四，商业模式优势。中国高铁“走出去”形成了集商品贸易、资本输出、贸易服务于一体的商业模式，备受称赞。

第五，经验优势。我国国土辽阔，气候变化多样，地质条件复杂，我国高铁修建必须克服这些问题。经过多年的实践，我国高铁在解决复杂地质问题、应对天气变化方面积累了丰富的经验。

基于上述竞争优势，中国高铁在世界范围内备受欢迎，其他国家和地区对中国高铁的需求越来越大，在这种情况下，中国高铁“走出去”的机会也越来越大。

7.1.2 中国高铁“走出去”面临的挑战

在高端制造业领域，高铁是典型代表，属于技术密集型产业，涉及的环节非常多，安全问题非常重要，我国高铁企业必须认识到这一点。另外，中国高铁企业必须制定系统、完整、科学、持久的海外发展战略。具体来看，中国高铁“走出去”要应对以下挑战。

◆原始创新能力不足

虽然我国高铁装备的专利数量每年都在增加，但与国外的高铁企业相比，我国高铁企业的专利数量仍偏少，导致这种情况的原因有两点。

第一，近年来，我国高铁装备企业将重点放在了产品开发应用方面，在基础性研发方面的投入比较少，科技储备、试验验证、分析计算、设计仿真等原始创新能力不足。

第二，高铁装备行业在技术创新方面存在以下问题，如分工不明、研发方向与企业化倾向不符、技术要求与企业发展步伐不适应、高校与科研机构在基础研究与技术集成工程化研究方面的储备不足等。

◆标准体系建设薄弱

现阶段，我国高铁装备制造业缺乏制定标准的能力，在设计、制造、认证等方面，整个行业都缺乏统一、完善、规范的标准体系。而德国、日本、法国等国家的产业标准体系则比较完善，我国高铁要走出去，进入海外市场，必须取得这些标准认证。

另外，我国的高铁装备技术来自不同国家的不同企业，如日本的川崎重工、德国的西门子、加拿大的庞巴迪、法国的阿尔斯通等，使我国高铁装备的技术标准有很大的差异。因为没有相应的标准认证，我国的高铁企业在国际工程项目投标竞争中经常处于不利地位。

举例来说，我国高铁企业要进入欧洲市场就必须使用欧洲标准，所有高铁装备都必须获得欧洲标准的认证，获得认证就必须缴纳认证费用，除此之外，还要在这方面消耗大量的时间与精力。土耳其安卡拉到伊斯坦布尔全长158公里的高速铁路修建了8年，2005年中标，直到2014年才完工，这就是“欧洲壁垒”给中国高铁企业带来的阻滞。

◆知识产权保护有待加强

近两年，我国高铁行业已经加强了对知识产权的重视，积极申请知识产权，并在多个子系统制定了相应的标准体系。但因为最初的高铁技术是从国外引进的，所以我国的高铁技术在某些方面尚未取得国际社会的认可，使得我国高铁装备技术在自主研发方面备受质疑。

另外，国外的高铁企业与中国高铁企业开展了激烈的竞争，抢先在中国高铁企业可能进入的市场申请专利，凭借专利优势与我国的高铁企业竞争项目。现阶段，在某些项目竞标的过程中，知识产权与专利数量发挥着至关重要的作用。我国高铁装备“走出去”战略的实施深受知识产权的制约。

◆品牌价值有待提升

在国际竞争中，我国高铁装备企业刚刚起步，较少企业品牌具有世界影响力。例如，在动车组领域，只有CRH380A在某些方面（头型设计、牵引变流器、网络控制等）拥有自主核心技术，但在世界市场上，我国高铁的品牌认知度依然不高。

◆商业服务能力有待提升

现如今，在高铁行业内，高铁装备跨国公司朝系统集成商转型发展已成为主流趋势，但我国的高铁装备企业的重心仍在产品研发、产品制造、产品销售领域，在轨道交通商业服务方面的探索刚刚起步，商业服务提供能力有待提升。在业务总额中，南车、北车集团的服务业务占比接近10%。

◆制造技术尚未与信息化技术融合

目前，数控加工、计算机数控是我国高铁装备制造企业加工生产使用的主要技术，在高铁装备加工生产中，机器人的使用率不足5%，一些危险工序、质量敏感工序需要人工操作；结构分析软件、电路模拟软件、疲劳分析软件等研发设计需要的软件都需要进口；产品研发数字化样机的研究刚刚起步。

面对这种种挑战，我国高铁企业要想取得世界认可，就必须保持现有优势，加大在技术方面的探索与创新，积累更加丰富的经验，在国际竞争中保持领先地位。

7.1.3 高铁技术进化史：从输入到输出

从引入世界先进技术到输出先进技术，中国高铁实现了跨越式发展，改变了世界各国对“中国制造”的印象。

经过几年时间的发展，在国际市场上，中国轨道交通装备制造企业取得了两大转变。

第一，出口产品从零部件出口发展到了整车出口，从整车普通产品出口发展到了高端产品出口。仅南车、北车两家企业就曾在海外市场获得23亿美元的订单，其中七成以上的产品都是动车组与城轨地铁等高端产品。中国高铁海外订单的价值得以大幅提升。

第二，出口地区从发展中国家转向了发达国家。起初，中东、东南亚等国家与地区是我国高铁产品的主要出口市场；现如今，我国高铁开始向东欧、南美洲、大洋洲、澳大利亚等地区出口整车产品。中国高铁企业已进入国际大跃进时代。

与服装、玩具等轻工业产品的出口不同，中国高铁通过先进技术的输出获得了很多发达国家的认可，从世界各地获取了丰厚的利润，改变了中国在全球产业链中的地位。中国高铁的发展壮大，不仅使高铁行业本身受益，整个“中国制造”也能从中获利。

简单来说，我国高铁技术的进化就是从输入到输出，从引入先进技术，到先进技术国产化，再到自主创新，最后向世界各国输出的过程。

在引入高铁技术之初，按照当时的国家政策，国外企业只有与我国企业组成联合体才能进入我国的铁路市场，双方谈判也要由中国铁路总公司统一组织、协调。为了更好地引入国外先进的高铁技术，技术车辆专业委员会和动车组项目联合办公室先后成立。

2004年10月，通过国际招标，第一单高铁国际招标项目顺利完成。在此之后，在中国铁路总公司的协调下，国内重点机车制造企业从不同的国家引进了先进的高铁技术，例如，长春轨道客车股份有限公司从法国阿尔斯通公司引入了先进技术，南车集团从日本的川崎重工引入了先进技术，青岛BSP公司从加拿大庞巴迪公司引入了先进技术，唐山机车车辆厂从德国西门子公司引入了先进技术，等等。

高铁技术成功引入的第二个重要策略是技术转让与市场采购的捆绑，国外公司转让的技术必须通过国产化验证，否则国内公司可以不付款。在静态的设计过程中，国内企业很难掌握技术，只有将其本土化，引入实际运营过程才可以。

从世界各国引入先进技术之后，我国的高铁动车组实现了迅猛发展。自 1964 年日本新干线开通以来，在世界范围内，只有日本、德国、法国等为数不多的几个国家的高铁运营时速达到了 200 公里。2003 年下半年，南车集团以国内既有线提速为基础，将高铁运营时速提升到了 250 公里。

在那之后，京津城际高铁预设的运行时速为 350 公里，虽然在整个运行的过程中，这个时速只能保持 10 分钟，但全程平均时速达到了 260 公里。武广客运专线动车组 350 公里 / 时及以上的运行速度能保持 1 小时以上，平均运行时速超过了 341 公里。上千公里的运营里程，如此长时间的高速运行，开创了世界高铁运营史上之最。

另外，我国很多纵贯南北、横穿东西的高铁线路在建设的过程中要克服复杂的自然环境，在这个过程中，我国高铁企业掌握了不同自然环境下的高铁运行状况、高速运行数据及相关的技术能力，这些都是我国高铁企业独家掌握的资源。

现如今，反观这段历史，从某种程度上来说，如果没有技术引进过程，我国高铁企业就不可能通过吸收、整合世界各国的先进技术拥有系统集成、综合解决、适应修改、本土化创新等能力。现如今，95% 以上的高铁轨道及线下技术的硬件、软件技术实现了国产化，在国际市场上占据了领先地位，成为我国高铁技术中最成熟的一部分。除此之外，我国 85% 以上的动车组也实现了国产化。

由于我国的高铁技术获得了标准认证，所以，我国的高铁企业开始向俄罗斯与北美市场进军，输出动组车配件。

多年之前，沙特就开始与欧洲几大高铁公司联系、合作，从那时起，欧洲公司就在沙特的高铁市场上制定了一套技术标准，因此，中国的高铁企业在进入沙特市场的过程中遇到了一定的障碍。但由于两个标准体系可以相容，中国的高铁企业最终成功进入沙特市场。由此可见，兼容集成能力也是企业技术能力的重要体现。

中国的高铁企业非常擅长集成创新，凭借这项能力，中国高铁吸引了那些希望从国外引进高铁技术，并将其与本国的技术设备相结合的国家关注。以俄罗斯为例，俄罗斯本身已拥有时速200公里、250公里的高铁，却希望能引入中国的高铁技术与线路。美国前总统奥巴马访华期间对中国的高铁技术称赞不已，之后，中美两国就高铁建设事宜成立了工作小组，加利福尼亚州州长也曾两次前来我国学习、取经。

7.1.4 中国“高铁战略”重塑全球优势

为了增强“中国制造”的国际影响力，中国铁路设备制造企业面向国际市场做了战略调整，在世界很多国家和地区设立办事机构，如美洲、大洋洲、非洲等，与国外相关的研究机构和跨国企业合作，一边研发制造世界先进水平的铁路装备产品，一边开拓国际市场。

南车集团先是与美国密歇根州立大学合作成立电力电子研究中心，之后又与美国通用电气、日本伊藤等企业合作，签订战略合作协议，成为战略合作伙伴。2010年，南车集团与日本铁路公司合作同西门子公司、庞巴迪、阿尔斯通等企业竞争一项80亿美元的业务，最终取得了胜利。

从2004年第一单国际招标开始，到2009年与俄罗斯、美国签署高铁项目合作备忘录，中国高铁企业成功摆脱了学习者的身份，实现了跨越式转变与发展。相较于西门子、阿尔斯通、庞巴迪等企业来说，中国高铁企业到底有何竞争优势呢？

◆国内高铁市场表现良好

要获得国外的高铁项目不是一朝一夕之事，只有将国内的高铁项目做好，将自己的技术与能力展现出来，才能获得国外市场的认可。虽然，欧洲、日本等国家和地区的高铁已有几十年的发展历史，但其市场保有量非常有限。我国的高铁客运专线将达 1.6 万公里，这个运营里程在世界范围内都非常少见。在国际市场竞争中，国内市场的表现能对国外决策者的判断产生直接影响，引导他们采用中国系统与标准，打破技术壁垒。

除中国以外，美国是最大的高铁市场，备受中国高铁企业青睐，中国铁路总公司甚至专门成立了美国高铁项目协调组。随着我国高铁"走出去"战略的实施，我国高铁企业越来越熟悉国际市场规则，我国轨道装备制造企业的出口贸易发展速度也越来越快。2001—2009 年，南车集团与北车集团的出口签约额的增长率都在 40% 以上。

目前，中国铁路总公司针对与巴西、波兰等国家的高铁合作成立了多个前期工作小组。其中，巴西在申奥成功之后，为了增强铁路的运输能力，更好地疏导旅客，投入重资修建高铁，中国在其中发挥了重要作用。

到目前为止，我国高铁"走出去"战略推行的时间还比较短，待更多时速 350 公里的高铁线路运行起来之后，我国高铁在国际市场上的地位将大幅提升。

◆政府领导的集约化系统能力

无论是从世界各国引进高铁技术，还是走向国际市场、参与国际竞争，中国铁路总公司都发挥了重要的作用。

中国铁路总公司规定，中国高铁企业必须推行"走出去"战略，以关联企业联盟为主体，将中国铁路产业的集成优势充分发挥出来，统一行动，共建合力，以提升自己的竞争力，形成竞争优势。凭借这一策略，中国在与国外企业就技术转让问题进行谈判时占尽优势。以沙特项目为例，中国铁路总公司成立了沙特项目办对该事宜进行统一部署，南车集团以主，中国铁建、北京铁路局两家企业为辅，共同竞标。由于该项目涉及多个联合企业成员，中国铁路总公司还对各家企业的行为，如造车、供电、建线、运营等统一组织协调。

采用这种方法，中国铁路建设形成了巨大的可比性优势。仍以沙特项目为例，沙特项目联合体包含了很多公司，在这些公司中，南车集团是牵头单位，与沙特开展前期沟通与交流，项目实施方是青岛四方，运营方是北京铁路局，中国铁路总公司只负责在后方协调、提供支持。

南车集团进军海外市场的资本来源有三：一是自有资金，二是国内的商业贷款，三是当地政府优惠。但是日本、德国等国家的高铁企业无法享受到政府给予的优惠与指导。在沙特项目中，我国的沙特项目联合体吸引了德国西门子集团的关注，西门子甚至放弃了与沙特企业的合作，加入了南车集团主导的团队，参与竞标，希望能为哈拉曼高铁项目提供火车及其他设备。

由此可见，政府领导的集约化系统能力是我国高铁企业推行“走出去”战略的一大优势。

目前，我国高铁企业刚刚进入世界前列，要想得到国际市场的认可还需要一段时间。几年之后，我国的高铁建设将迎来相对平衡期，届时，无论是我国的高铁技术，还是高铁运营都会变得更加成熟，我国金融的国际化程度也会达到一定水平，到那时，我国高铁企业将在国际市场引起广泛关注。

7.2 智能高铁：我国高铁智能化建设与发展之路

7.2.1 智能高铁：打造中国现代化铁路网

随着人们出行需求的快速增长，在能耗、舒适性、安全性、载客量等方面具有明显优势的高铁扮演的角色越发关键。虽然我国的高铁技术在世界范围内处于顶尖水平，但在发展过程中仍存在着服务水平较低、管理效率低下等诸多问题。

从实践来看，单纯地采用扩大基础设施建设、修建更多的运输线路方式，并不能有效解决这些问题，更为关键的是要将列车、线路、乘客及运营管理等纳入一个综合性的运输系统之中。所以，打造出一个高效、灵活的智能高铁运输系统就显得尤为关键。

事实上，不仅是在国内的交通运输行业，世界范围内的多个国家都有着庞大的高铁服务需求。但目前的国内高铁运输能力很难充分满足广大民众的出行需求，而增加新线路又会受到环境、地形等诸多因素的影响，而且需要耗费较高的时间成本，很难在短时间内解决这些问题。而利用智能高铁运输系统可以实时获取高铁运输网络的海量数据，并通过大数据、云计算等技术对数据进行处理及应用，能够大幅度提升高铁部门的管理效率、决策水平及服务能力。

确实，高铁智能运输系统是一个新概念，但我国在多年前已经开始进行相关研究。尤其是随着近几年我国高铁技术不断突破，高铁运营管理水平相对较低的短板越发凸显，亟须通过打造高铁智能运输系统等方式解决这一问题。目前，日本、德国等国家打造的高铁智能运输系统尤其值得我们充分借鉴。

近几年，我国在高铁领域投入的资源快速增长，目前我国已经打造出了全球最大的世界高速铁路网，运营里程占世界总运营里程的60%。从公布的数据来看，2010年，我国高铁运营里程占国内铁路总运营里程的比例为5.6%，2015年这一数字达到了15.7%，预计到2020年及2030年时将分别达到26.7%和35.0%。

高铁智能化方面的研究也得到了高度重视，作为铁路运输现代化的重要体现，高铁智能化强调在运输组织、客货营销等诸多活动中，运用智能技术对传统铁路运营及管理模式进行改造升级，充分提高运输效率、稳定性及安全性，控制运输成本，为我国铁路运输实现现代化注入源源不断的活力与发展动力。

确实，我国高铁产业的发展速度远超过日本、美国、德国等发达国家，但高铁智能化水平仍存在着较大的差距。发展智能高铁，不仅是我国高铁产业现代化发展的需要，更是交通运输产业未来发展的必然选择。

高铁运输效率、服务水平的提升，都需要智能化技术提供强有力的支撑。智能高铁将会对高铁运营管理所涉及的运输组织、技术装备、客货营销等诸多环节产生深远影响，使高铁资源的潜在价值得到深度发掘。高铁本身作为一种融合了多种高科技技术的产物，其未来必然会朝着智能化方向发展。

先进的通信信号等智能技术及设备，是对现有运输线路进行升级改造的重要基础。集中调度、实现动车组车辆的现代化等，同样需要智能技术与设备提供支持。缺乏智能技术及设备提供的强有力支撑，高铁不可能真正实现现代化。

高铁智能化也是提高高铁运输安全性的关键所在。在我国高铁运营管理水平相对有限的局面下，为了保证高铁运输的安全性，只能牺牲高铁的运行速度，但这会造成运输效率下滑。与此同时，为了应对高铁服务需求快速增长，动车组数量、载重量及列车密度不断增加，从而给高铁运输的安全性带来了巨大的挑战。所以，必须充分提高我国高铁智能化水平。

2007 年 4 月 18 日，中国首列动车组 D460 次列车“和谐号”从上海开往苏州，从而在全国范围内掀起了一场铁路大提速浪潮。短短十多年的时间，中国高铁已经走在了世界前列，目前高铁智能化相关的项目正在逐渐落地，为我国高铁运输现代化的发展提供了强大推力。

从国际高铁智能化发展方向来看，将移动互联网、大数据、云计算等技术应用到高铁运营及管理中来，实现信息系统的互联互通，通过对海量数据的搜集、分析及应用，为广大民众及货主提供高效低成本的运输服务，将成为未来高铁智能化的主流发展趋势。

7.2.2 我国高铁智能运输系统发展之路

确保高铁运行安全及稳定关系到广大民众的财产及人身安全，高铁在推动经济发展的同时，也承担着极高的社会责任。在世界范围内，高铁运行的安全性向来被给予高度重视，发生高铁事故不但会造成重大的经济损失，还会对社会稳定产生严重的负面影响。

在维护高铁设施的过程中，如果没能及时发现故障，即便一个很小的机械问题，也有可能产生十分严重的后果。而且出现事故后，需要耗费大量的时间及人力成本，才能使设备重新运行，与此同时，出现问题的火车停留在轨道上，将导致部分运行线路瘫痪，使其他列次的火车被迫延迟或取消。

高铁智能运输系统融合了自动化技术、信息处理技术、控制与系统技术、现代通信技术及智能管理与决策技术等，能够快速高效地对信息进行搜集与分析，推动资源的共享及充分利用，在降低高铁运营及管理成本的同时，大幅度提高运输效率、管理及服务水平。

高铁智能运输系统框架体系尤其注重标准化、规范化及可拓展性。智能高铁运输系统需要涉及分布式国家高铁安全数据中心体系、物流检测与追踪系统、数字列车系统、列车调度与指挥系统、高铁移动体与固定设施一体化安全检测网络系统、高速高铁一体化通信信号系统、车地双向数据接入系统、现有业务系统对接及信息共享技术、特殊地区列车运行控制与运输保障综合技术等诸多领域。

从实际发展情况来看，国内高铁服务需求的快速增长，早已超过了其实际承运能力，从而引发了高铁运营及管理过程中的诸多问题，对高铁运输乃至整个铁路运输产业的发展带来了巨大阻力。在人流量巨大的城市，列车延误问题尤为突出，与此同时，与乘客出行体验密切相关的购票、退换票、安检、餐饮等诸多环节也需要进行优化完善。

毋庸置疑，在现有的高铁基础架构及管理水平的基础上，很难充分满足广大民众日益增长的出行需求。以科技巨头 IBM 推出的智慧高铁系统为例，该系统能够让运营方对时刻表进行动态调整，从而有效应对列次延迟、取消等突发状况。该系统具备自我诊断功能，能够对高铁路网的运行状态进行深入分析，从而提高运输效率。

IBM 智慧高铁系统能够通过传感器对列车及轨道的状况进行检测，有效降低列车出轨、撞车等事故发生的概率。此外，IBM 智慧高铁系统还可以对列车的供应链进行实时监测，分析乘客的出行数据，帮助运营方更为科学地安排列车班次，灵活应对节假日等出行高峰期。

在我国高铁智能运输系统落地的过程中，我们需要积极借助移动互联网、人工智能、大数据、云计算等新一代信息技术，提高系统稳定性及运行效率，降低人工成本。强化出行服务需求旺盛的东部地区高铁路网的承运能力，提高高铁专线的信息化水平，最终实现经营管理现代化、客货营销社会化及指挥协调智能化。

智能高铁具有全面开放性、高度智能化及互联互通等特征，它能够推动信息及资源的高效流通及充分整合，使参与高铁运输过程中的旅客、服务商、运营方等诸多参与主体能够进行无缝对接，推动我国高铁产业逐步走向成熟，为中国经济崛起增添新活力。

7.2.3 我国高铁信息智能化建设的前景

高铁发展水平的进一步增长，需要破解当前高铁行业中存在的高铁运力不足、运营效率低下、安全性及可靠性较低等一系列痛点。高铁智能运输系统是一项庞大而复杂的系统工程，它包括多种子系统，如运输管理系统、列车控制系统、旅客服务系统、货主服务系统、运输设施管理系统、安全保障系统、运输自动控制系统等。

在打造高铁智能运输系统的过程中，需要运用动态定位、编组站作业自动化、列车运行控制、数据传输及网络通信等多种高科技技术。和传统高铁运输系统相比，高铁智能运输系统具有更高的运输效率、安全性、服务水平，而且能够有效控制成本，更加灵活地应对各种突发状况。

高铁信息智能化建设应该遵循资源共享、标准化、规范化、互联互通等原则，提高高铁运输的数字化、网络化及智能化水平。它需要对运输调度指挥、运力资源配置、经营资源管理、行车安全监控、客货营销服务、运输生产组织、高铁政务管理等诸多方面进行优化调整，实现业务流程的改造升级，打破各部门之间的沟通壁垒，通过多方协同合作，使高铁运营及管理水平迈上新台阶。

高铁企业需要深入研究并应用地理信息、卫星导航、4G 通信、物联网、大数据、云计算等高科技技术，助力高铁产业转型升级，投入大量资源完善高铁信息基础设施建设，打造信息共享平台、公用数据编码平台、高铁地理信息平台、高铁门户网站、高铁数据中心等，建立覆盖所有运行路线的宽带通信网络。

与此同时，要打造积极防御、综合防范的防护体系，使多种安全措施相结合，建立健全信息安全等级保护制度，实现信息系统及业务系统运行状态的实时监测，有效提升管理部门应对各种突发事件的处理能力。

从研究机构公布的数据来看，世界范围内每年由于自然灾害（塌方、洪水、地震、泥石流等）导致的高铁运输安全事故占比5%；由于恐怖袭击所导致的高铁运输安全事故占比10%，再加上高铁设备及相关基础设施的高投入特征，一旦出现安全事故，很容易带来巨大的经济损失，严重危害乘客的人身安全。

为了有效降低安全事故发生的概率，高铁安防系统需要具备事前预防、事中实时精准定位以及事后灵活应对的功能。智能高铁将在提高决策效率及管理水平的同时，利用智能设备及系统等自动处理各类问题，并将处理结果及时反馈给管理人员。

随着高铁基础设施建设越发完善，高铁将成为推动我国交通运输产业发展的一大重要推动力量，为我国经济发展带来新的增长点。目前，我国高铁线路开始了大规模改造升级，部分区段开通了电气化铁路，高速动车组也逐渐得到应用，而且为高铁运输生产及信息化服务提供通信支持的高铁专用通信系统也在逐步完善。

近几年，国家及各地方政府积极出台高铁建设方案，列车的行驶速度保持快速增长，运输效率与运载量得到明显提升，但高铁运输安全性与服务水平却未能保持同步提高。所以，未来我国高铁需要在追求规模与增速的同时，大力发展智能高铁，提高稳定性与安全性，强化管理部门的服务水平及决策效率，让广大乘客能够享受到方便、快捷、安全、低成本的优质出行服务。

第 8 章

智能制造在我国航空制造业中的应用实践

8.1 基于智能制造的我国航空工业发展路径研究

8.1.1 探索我国航空智能制造新模式

“中国智造”就是要利用智能制造的新模式摆脱我国产业长期处于国际产业分工中低端的局面，通过自主创新和供给侧结构性改革，建立核心知识产权、关键技术和商业品牌，构筑适应制造业新需求和新要素供给环境的新型产业发展模式，有效解决我国产业发展的深层次矛盾，全面提升产业技术水平和国际竞争力，促进制造业由大变强。

近年来，航空工业积极面对和引领经济新常态和新需求，主动作为、积极探索、有力推进新一代信息技术和制造业全生命周期的深入融合，研究制定了《中国航空工业集团公司智能制造架构（V1.0）》和《中国航空工业集团公司智能制造推进计划》；成立智能制造创新中心；工业和信息化部依托集团公司设立了国家级“信息化和工业化深度融合创新体验中心”和“信息化和工业化深度融合工业软件研发基地”。按照推进计划，有20多家单位参与了智能制造试点，探索智能制造新模式，进行智能制造最佳实践提炼，目前航空工业大部分企业智能制造水平有了较大提升。

2008年的金融危机深刻影响了世界经济发展的方向，实体经济作为立国之本开始受到各国的空前重视，而制造业是实体经济发展的基础，世界各国根据自身国情，因地制宜地制定制造业发展战略，发达国家将政策关注点再次转移到制造业尤其是高端制造业上，在新兴技术产业中抢占全球竞争制高点，角力未来。

智能制造作为新一轮工业革命的核心技术，在全球范围内蔚然成风、方兴未艾。智能制造是培育全球经济发展新动能的关键，基于新一代信息通信技术与先进制造技术深度融合，贯穿于产品设计、生产、管理和服务等各个环节，实现具有自感知、自学习、自决策和自适应等功能的新型生产方式。在推动生产力水平提高、物质丰富的同时，第四次工业革命也给个体以及整体的经济、社会、文化和政治发展带来了新的挑战。

新一轮工业革命背景下，我国在2015年推出《中国制造2025》，提出“三步走”，规划了提高国家制造业创新能力、推进信息化与工业化深度融合等九项任务，要加快推动新一代信息技术与制造技术融合发展，把智能制造作为两化深度融合的主攻方向；设立“智能制造工程”，制定《智能制造工程实施指南》，依据创新、协调、绿色、开放、共享的新发展理念，以构建新型制造体系为目标，以推动制造业数字化、网络化、智能化发展为主线，着力发展智能装备和智能产品，推进生产过程智能化，培育新型生产方式，促进包括航空制造业在内的十大重点领域率先突破，发展离散型智能制造、流程型智能制造、网络化协同制造、大规模个性化定制、远程运维服务等智能制造新模式，推动传统制造业转型升级。

工业和信息化部于2016年12月7日在南京正式发布了《智能制造发展规划（2016—2020年）》，提出了“两步走”的发展战略目标：到2020年，智能制造发展基础和支撑能力明显增强，传统制造业重点领域基本实现数字化制造，有条件、有基础的重点产业智能转型取得明显进展；到2025年，智能制造支撑体系基本建立，重点产业初步实现智能转型。

李克强总理曾说：“传统的‘Made in China’还要继续做，但中国制造的核心应该是主打‘中国装备’。”这一战略思维在国务院2015年5月下发的纲领性文件《中国制造2025》中得到体现。“中国装备”占据了重要位置：高端装备创新工程作为五大工程之一被重点部署，航天航空装备作为十大领域的内容被重点推动。

航空工业领域是先进制造技术发展的重要领域，航空制造业作为国之重器，兼具高新技术产业和先进制造业的典型特征，是国家科技、经济、国防实力和工业化水平的重要标志。智能制造推进航空工业转型升级和创新发展，对于我国高端装备制造业未来的发展将具有重大引领示范作用，是推动工业转型升级的强大引擎。

航空武器装备结构复杂、零部件数量多、制造过程复杂，涉及材料、加工、装配等制造相关的各个环节，涵盖了大量的制造部门和制造装备，是一个庞大的系统工程。航空装备研制生产的零部件结构复杂、协调性和尺寸精度要求高，在制造过程中常常涉及复杂型面和空间复杂结构，其制造过程工艺环节多、生产周期长，工艺设计、加工余量分配、工件定位、现场加工操作、质量状态监控、制造资源和物料配置等因素，都会影响产品的质量和研制进度；另外，航空企业生产组织管理复杂、多品种、小批量生产等特点使航空制造企业对制造系统的适应性、制造质量稳定性、产能提升等方面有着更加迫切的需求。航空工业经过多年发展，在信息化、数字化、自动化和网络化发展上取得了长足进步，产品定义实现了全三维无纸设计，在广域协同、数字化企业、生产制造执行与集成以及自动化装配等方面获得了应用经验，取得较大进步。

8.1.2 明确行动路线，成立创新中心

◆顶层设计牵引，明确行动路线

为贯彻《中国制造 2025》的要求，抢抓新一轮科技革命和产业变革的重大机遇，加快推进集团公司智能制造工作，集团公司成立了由有关主机厂、设计所相关专家组成的航空工业“智能制造”项目论证工作组，采用架构理论和方法，通过深入调研和科学分析，摸清现状，廓清迷雾，制定了《中国航空工业集团公司智能制造架构（V1.0）》，明确了航空工业智能制造的总体架构与总体发展思路。

智能制造架构定义了航空工业智能制造的典型特征，从数字化、网络化、智能化出发解读了智能制造的核心要素，设计了包括企业联盟层、企业管理层、生产管理层和控制执行层的航空工业智能制造总架构和分层架构，明确统一规划、统一架构和统一标准的原则要求，为航空工业各成员单位开展智能制造项目工作提供了顶层设计指导。

为支撑架构的落地，明确行动路径，在《中国航空工业集团公司智能制造架构（V1.0）》的基础上，集团公司研究制订了《中国航空工业集团公司智能制造推进计划》，提出建立 1 个中心（航空工业智能制造创新中心），突破 3 项关键技术（模型驱动的设计 / 制造 / 验证 / 服务技术、CPPS 技术、基于云平台的协同技术），实施 7 项重点任务（基于模型的协同设计制造平台、智能生产管理系统和集成自动化系统、智能制造试点示范生产线、供应链和客户服务平台、智能制造规范及验证平台、智能工艺装备研发平台、工业机器人集成应用技术研发平台），给出了

需求导向、顶层规划、示范带动和整体推动的发展思路，明确2020年和2025年的智能制造发展目标。

◆成立创新中心，开展技术验证

航空工业依托航空工业制造所和信息技术中心成立智能制造创新中心工作，开展智能制造架构设计、发展规划、技术体系建设、关键共性技术研究和验证、试点示范项目的筛选和推荐、解决方案开发、技术交流、国际合作和培训、服务实施以及最佳实践模式的总结，提炼与推广。

基于工业互联网开展智能互联和监测是实施智能制造的基础手段之一。智能制造创新中心开展与国外先进供应商PTC（美国参数技术公司）和GE（美国通用电气公司）的技术合作，就智能互联和监测方面的技术体系和技术平台进行了深入研究。基于航空工业制造所某生产车间建立智能互联和监测的技术验证工作，解决了异构异类设备互联的技术难关，为构建CPPS环境做出了成功的探索，并为后期形成智能制造的体验验证环境提供了基础。

开展工业机器人集成应用技术研发平台建设，围绕提升工业机器人在航空产品制造中的应用水平，针对航空产品制造中特有的自动钻铆、激光焊接、搅拌摩擦焊接等加工工序，突破了针对工艺需求的末端执行器设计技术、针对工艺需求的柔性工装技术、加工运动轨迹规划与仿真技术、加工状态检测与监控技术、加工过程智能分析与决策方法、面向应用场景的机器人系统集成技术等关键技术。建立工业机器人技术验证平台，提升技术成熟度，形成工业机器人成套系统的技术研发能力，为航空工业整体推进工业机器人的应用提供技术支撑的同时，带动国产工业机器人的发展。

8.1.3 两化深度融合，研制模式转型

为了推动两化深度融合，工业和信息化部在航空工业领域设立了两个国家级机构，一个是信息化和工业化深度融合创新体验中心，另一个是信息化和工业化深度融合工业软件研发基地，其主要目的在于落实航空工业领域的两化融合提升工程，研发先进装备制造业领域的两化融合方案，做好相关产品开发与应用，对全国制造业领域的两化深度融合产生示范、带动作用。

借助基于模型的定位技术实现全三维数字表达与全局数字量传递，数百万飞机组建都利用 MBD 技术进行表达；利用基于模型的系统工程从上到下对复杂的系统功能、逻辑与物理进行分析，并从下到上开展综合模型验证，形成创新设计复杂航空产品的能力。目前，在新型号航空产品设计与制造方面，我国所掌握的技术已与国际领先企业持平。

以虚拟仿真试验取代传统的风洞、结构、强度等物理试验过程，有效地缩短了产品迭代更新周期，相较于原先的型号研制周期来说，现在的型号研制周期缩短了1/3。成熟的、跨地域、多厂所、多项目协同研发环境已成功建立起来，重点型号开发流程与体系也已从串行转向了区域协同、能力协同。

近年来，在“工程与制造”领域，航空工业大力推行基于模型的系统工程，将系统工程方法从局部推行到了体系，经过 3 年时间该领域的单位增加了 39 家，并用在了多个机型的研制中，从系统覆盖转向了系统、子系统、组件覆盖，有效提升了航空装备的创新研发能力，逐渐形成了模型驱动的飞机研发模式。除此之外，已有 810 人参加了国际系统工程师培训，其中获取国际系统工程师认证的有 11 人，在国内及国际范围内，航空工业系统工程推进产生的影响越来越大。

在“组织与管理”领域，集团构建了AOS流程体系，引入了国际先进的管理方法，致力于集架构、模型、流程、IT、标准于一体的业务流程管理体系的构建工作。从纵向来看，向上，AOS流程可做好企业架构，构建业务模型；向下，AOS流程可衍生IT执行系统，战略、业务、IT要想实现一致性对准，AOS流程体系的构建是关键。从横向来看，AOS流程体系汇集了质量、人力、风险、财务等管理要素，将各种管理方法与工具集合在了一起，增强了管理的协同性，使集团的核心能力得以有效提升。

AOS流程体系建设要借业务流程将所有被隔断的组织串联起来，对企业创造价值的逻辑予以明确。通过对业务流程进行建模、优化、仿真，AOS流程体系可帮航空制造业做好智能化平台的构建工作，打造结构化、自动化、规范化的业务流程，帮员工摆脱繁杂的工作，让员工在增值与创新等工作上投入更多的时间与精力。

通过围绕企业资源计划与制造执行系统开展信息化平台建设，大部分航空主机制造都提升了自己的精益化水平，创建了一种全新的制造模式，移动生产线与优异中心全局协同是该模式的代表。部分航空制造企业开始使用模型驱动的智能设备制造技术，如3D打印技术、复杂结构件数控加工技术等，并取得了很好的应用效果。

在制孔、密封、喷涂、铆接、切割、无损探伤、检测等工业领域，工业机器人实现了广泛应用。部分领先的航空制造业数字化管控模式已从制造现场延伸到了组织管理方面，并推动物流、计划流、资金流、信息流实现全面集成，实现了精益化生产，使交付质量得以大幅提升。借助精细的计划安排、精准的管控、实时的反馈，企业可在虚拟环境中对装备及数据的动态变化进行实时监控，让生产过程实现可视化、可监控、可协调，将飞机装配配套的准确率提升到99%以上，使装配周期缩短了60%。

8.1.4 试点示范推进，形成最佳实践

针对典型的航空装备，航空工业积极参与国家级智能制造试点示范项目、智能制造专项项目的建设工作，成功申报了20多项智能制造专项，如直升机旋翼系统制造智能车间试点示范、行业信息物理系统测试验证解决方案应用推广、航空数字化车间关键应用标准研究及试验验证平台等。

这些项目包含的内容非常丰富，包括满足飞机研制生产需求的产品总装项目、关键零部件试制与生产项目、基础理论研究项目、工艺技术攻关项目、标准化技术基础研究项目等。目前，各项目的研究工作正在按计划开展，使整个集团的智能制造水平有了大幅提升。通过试点示范企业的推广，有效形成上下联动的发展态势，将多个地区、厂所的力量集中在一起，开创了航空工业智能制造的新局面。

为解决复杂飞机结构件自动化加工的关键技术问题，提升设备的利用率及飞机结构件的批量生产效率，让数控制造过程与数字化制造环境深度融合，成飞公司在高精度立卧转换机床的基础上构建了柔性自动化生产线与飞机结构件数字化车间，形成了柔性自动化生产模式，该模式由五大部分组成，分别是机外集中装卸、零件无人工干预加工、线内物流自动运输、管理驾驶舱与智能管控中心。

通过实时、动态地感知车间制造过程，实时分析运行状态数据，进行自主决策，以对设备运行状态、生产线管控状态进行有效调整，让飞机结构件数控制造生产管控、现场管理、作业调度、制造资源管理实现智能化。借助柔性生产线让飞机结构件实现无人工干预加工，提升飞机结构件的生产效率与生产质量。在柔性生产线上，机

床利用率高达85%，为飞机结构件的柔性化生产做出了有益示范。

除成飞公司之外，为攻克直升机旋翼系统核心制造技术，提升公司的批产配套能力，昌飞公司建设了旋翼系统智能制造车间，该车间的主要功能是让动部件机加、复材桨叶实现专业化生产，构建了一个由动部件关键零部件机加生产线、旋翼系统装配生产线、复材桨叶生产线、生产运行智能管控系统、自动仓储及物流系统构成的生产环境。

除此之外，昌飞公司还专门设立了一个直升机旋翼系统智能车间，该车间具有自适应加工、自动识别物料与工件、机器人自动对接装配、运行管理与现场控制集成、制造过程动态调度等功能，并围绕数据驱动、自主决策、交互识别，形成了具有状态感知、自主决策、实时分析、精准执行特征的智能制造体系。通过实际运行，产品质量与生产效率有了大幅提升，旋翼系统生产配套需求得到了极大满足，在智能制造车间建设与实施方面成为一个经典案例。

针对航空制造业的特点，中国航空制造技术研究院与信息技术中心、成飞公司、昌飞公司等单位联合，开展了CPS(Cyber-Physical Systems，信息物理系统）技术与应用验证工作。通过共性技术平台的构建，对典型应用模式与规范的探索，形成了面向行业的CPS架构，完成了机器人集成应用平台、机加生产线、装配生产线等智能制造系统的构建，开展了CPS测验验证，形成了典型的应用解决方案，并对方案进行了推广、应用，使航空产品的研制能力与产品质量得以大幅提升。

虽然近年来我国航空制造业在智能制造方面取得了一些成就，但相较于国际先进的航空制造业来说，我国航空制造业的智能制造水平还有待提升，部分领域存在短板、发展不均衡、核心关键技术尚未取得突破、高端装备依赖进口等问题。在这种情况下，我国的航空工业必须紧抓新一轮科技、产业革命与我国经济发展方式转变交汇形成的机遇，以新一代信息技术为支撑，通过架构牵引构建起两化融合新体系，从综合集成转向协同与创新的整体提升，在新一轮产业革命中抢占制高点，重新构建航空工业的竞争优势。

以航空工业智能制造架构为参考，从企业联盟、企业管理、生产管理、控制执行等方面构建智能制造系统，该系统要以动态感知、精准执行、自主决策、实时分析为显著特征，将产品研发生产的设计、制造、试验、管理等流程贯穿在一起，形成推动航空工业全面、协同发展的新模式，构建一批生产水平排名世界前列的智能企业，在国内制造业领域，其智能制造水平与整体制造能力要处于领先地位。

到 2020 年，要在智能制造的关键技术方面取得突破，研发一批工业 CPS 特征（智能化、嵌入式、网络化等）鲜明的智能系统与装备，并分门别类地在相关企业开展试点，让生产研制过程实现数字化分析、网络化连通、智能化决策，试点项目要成功缩短产品制造周期、提升设备或资源的利用率、降低产品的不良率。实践证明，某些单位实施了智能制造试点示范项目，使产品研制周期、研制成本、产品不良率、专用工装数量降低了 30%，并使设备的利用率提升了 30%。

到 2025 年，全集团航空产品的研制生产要实现智能化，重点企业要全面构建新的智能制造模式，并将这种模式向普通企业推广，推动航空产品的研发生产实现模型空间到物理空间的全面连通与智能处理，缩短产品制造周期，降低产品的不良率，提升设备的利用效率。如果能实现这一目标，产品研制周期将缩短 50%，产品不良率将下降 50%，产品研制成本也将降低 50%。

未来，通过循序渐进的发展，航空工业将逐步深入，形成合力，使集团的先进科技与制造能力得以持续提升，实现创新驱动，从而推动工业转型发展，推动两化深度融合，推动智能制造大跨步发展。

8.2 智能制造在我国航空制造业中的应用与实践

8.2.1 智能制造在航空企业中的技术应用实践

随着航空事业的发展，该领域对航空发动机产品的需求量大幅提升，并希望航空制造业能够加快研发速度，提高整体运营效率，更好地满足自身发展需求，为此，航空制造企业需要提高生产环节的智能化与现代化水平，充分发挥智能制造的核心技术优势。具体而言，航空制造企业要借助工艺成组技术、自动交换式工作台技术、数据采集与分析系统、现代物流仓储自动化技术、高级计划与排程系统等加速自身运转，对传统航空产品研制模式实施改革，实现智能化运营与生产。

现阶段下，国内传统制造业的转型升级面临着更多机遇。制造企业要想实现智能化转型，就要找到工业化与信息化之间的契合点，充分发挥数字化网络化制造的优势力量，逐步增强国内航空制造业的竞争实力。

航空产品的迭代离不开相关制造技术的持续升级与发展。随着时间的推移，航空企业对相关产品的要求已不同以往，为满足其需求，制造企业需在技术研发方面投入更多精力。如今，越来越多的航空制造企业加入智能制造队伍，旨在实现机械生产系统的智能化、自动化运转，并进一步扩大机械设备的应用范围，提高企业整体的智能化水平。

◆采用成组技术优化工艺路线，提高资源利用率

航空制造企业要利用自身的优势资源，发挥计算机辅助制造技术的驱动作用，聚焦于核心零件的研发与制造，建立高效的工艺流程，提高资源利用率，利用工艺成组技术，提高技术文件的规范化水平，从企业的生产管理、操作管理、中间过程的监督等各个环节入手，不断改进现有工艺，实现资源整合与高效利用，突出其实际功能，推动企业的整体发展。

◆配置自动交换式工作台技术，提高零件加工效率

航空制造企业在向智能化转型的过程中，要不断提高自身生产效率，为此，企业应该采用交换式工作台，并对原有数控设备进行升级，使不同工作台能够同时运转，同时推进不同的加工项目，通过这种方式减少企业在生产环节消耗的时间，加速整体运转。采用交换式工作台技术的企业可实施单机操作与多机操作两种模式，前者是两个工作台同时运行，后者是多个工作台同时运转。企业通过采用交换工作台技术，能够有效缩短复杂零件的加工时间，提高产量，为后期的产品制造提供足够的支持。

◆采用数据采集与分析系统，对企业的生产流程实施全面监管

航空制造企业在生产运营过程中将产生许多数据，包括设备运转数据、质量数据、资源使用信息等，企业利用数据采集与分析系统，能够获取与分析各类数据资源，据此掌握企业的发展状态，对整个生产流程实施全面监控。

◆利用现代物流仓储自动化技术实现物料自动传输

航空制造企业在进行零件加工时，需要对加工设备、原材料、成品与半成品进行储存、抽调及管理，传统的人工操作方式耗时耗力，企业可利用现代物流仓储技术在短时间内完成一系列操作。

在具体操作过程中，制造企业需要配备针对产品加工设备、原材料、产品零件等的自动化库站，明确库区的流量、不同货位的规格、存储方法及具体步骤等，对不同货位进行规划，以自动化方式完成存储工作。

在企业的生产线上安装自动运输导航设备，实现与自动化库站之间的数据传输，在不同机床、仓库与机床之间使用无人搬运车传送工件。

将条码技术与射频识别技术相结合，用于区分不同的加工对象，此外，企业还应利用数据采集与分析技术，获取并分析生产、加工环节的各项数据，把握企业当前在各个流程中的运营状态。

◆运用 APS 系统编排生产计划

企业利用 APS 系统（Advanced Products Systems，高级计划与排程系统），能够对企业的各项业务流程及相关要素进行编排，使产品加工、设备使用、劳动力分配等协调一致，从而提高资源的整体利用效率，同时与企业的网络系统应用融为一体，提高企业计划安排的合理性与科学性，实现各个环节的优化。

企业通过实施智能化管控代替传统操作，能提高准确率，减少人为因素导致的误差，还能实现生产环节的自动化运作，保证产品质量；此外，企业利用完善的数据管理系统及智能化物流体系，能够加速生产环节的运转，为后续的运营提供足够的支持，从而提高整体运营效率，在保证产品质量的基础上，减少产品从生产到最终输出所需的时间。

8.2.2 基于智能制造的航空发动机设计与制造

智能制造是一种智能化产品制造技术，它将信息化、网络化、数字化技术作为基础，在制造理论与生产实践中引入人工智能。现如今，对于整个制造业，智能制造是其转型升级的关键。一直以来，航空产业都属于高技术产业，在智能制造的大背景下航空发动机要想实现协同设计与制造，就必须解决数据集成、智能加工、过程协同与组织协同等问题。

我国的航空发动机制造与发达国家存在较大差距，这种差距主要体现在我国航空发动机设计与制造相分离。在“工业 4.0”时代，整个制造业都要朝智能制造方向变革、发展。在此环境下，对协同设计制造的内涵与过程进行深入解析，能有效地推动我国航空发动机制造业更好地转型发展。下面，我们就对智能制造环境下航空发动机协同设计与制造问题进行深入探究。

◆基于模型的数据集成

航空发动机要想实现协同设计与制造，必须先做好数据集成。对于智能制造来说，统一的产品数字化定义是基础。MBD（Model Based Definition，基于模型的定义）立足于在特征定义基础上构建起来的三维模型，对设计、工艺、制造等各部门的信息进行集成，对数据源进行统一，以其为信息载体实现航空发动机的协同设计与制造。

具体来看，MBD 模型有两类数据：一是几何模型数据，二是标注信息数据。借 CAD（Computer Aided Design，计算机辅助设计）系统对几何模型数据进行管理，使用产品数据管理系统对非几何信息进行存储与管理，推动数据集成有效实现。

（1）设计与设计协同过程

航空发动机的产品结构非常复杂，制造难度很大，产品生产需要各地的设计所与制造厂相互协同，实现先进航空发动机的研发与制造。仅凭传统设计模式，该想法难以实现。为了满足先进航空发动机的研制需求，航空发动机公司要立足于MBD模型，在结构、热力、强度等多个领域构建仿真环境，通过优化整合多学科设计技术让各专业设计实现协同、并行。

（2）设计与制造协同过程

从本质上来看，设计与制造协同就是设计与工艺协同，就是从工艺层面对航空发动机的产品设计进行审查，对其制造的可行性进行分析。如果零件的生产准备周期较长，就可以提前做好工艺准备工作，如毛坯设计、工装设计等。以MBD为基础的单一数据源能让工艺准备与设计在同一个数据模型下进行，让航空发动机设计与制造实现协同。

（3）制造与制造协同

航空发动机的制造环节比较复杂，制造过程存在大量的数据交互与集成。对于装配工艺设计、工装设计、数控加工等环节来说，MBD能为其提供单一的数据源，促使各个制造环节与过程协同进行。

◆智能加工技术

新一代航空发动机的结构比较复杂，其主体结构是轻量化、高性能的薄壁整体结构。这种结构虽然提升了航空发动机的性能，但也提升了其对应力集中与制造偏差的敏感度，对其制造工艺提出了更高的要求。所以，新一代航空发动机的制造需要引入智能技术，对机床、刀具、工装、工件等零部件进行协同加工。

◆基于COE的组织协同

要想实现航空发动机协同设计与制造，必须先实现协同研制的组织协同。COE是“Center of Excellence”的简称，意思是卓越研究基地，指的是航空发动机关键技术的研制中心。以COE模式为基础，航空发动机设计与制造能实现组织集成，进而实现组织协同。在COE模式基础上构建协同平台，通过收集、整理产品定义数据让数据共享、数据管控成为现实，让设计所与制造厂在MBD模式技术应用的基础上形成协同研制。通过项目牵引、总装拉动、总体设计，航空发动机能实现协同研制。在整个平台环境中，以协同研究平台中的协同社区为依托，位于不同地区的航空发动机的研制人员能共享MBD模式的单一数据源，开展可视化协作，通过协同异地管理让异构平台用户能够在统一流程中开展相关工作。

◆产品BOM驱动下的过程协同

航空发动机的协同设计与制造非常复杂，涉及很多学科与领域。航空发动机的协同设计与制造受BOM(Bill of Materials，物料清单)驱动，纵向对PLM(Product Lifecycle Management，产品生命同期管理)、ERP(Enterprise Resource Planning，企业资源计划)、MES系统进行集成，将工艺到现场之间的数据链路打通，推动结构化工艺数据朝生产管理过程延伸，促使各种车间现场数字化管理功能落地，如数据源的单一管理、生产加工、智能排产、工艺信息数据的自动获取等。通过整理、分析各系统数据，形成知识，最终让智能生产、管理落地实现。

随着BOM数据流动，PLM、MRO（Maintenance Repair Operations，维护、维修、运行）、ERP、DNC（Distributed Numerical Control，分布式数控）、MES等系统能实现连接，完成统一的、网络化的企业经营管理信息平台的构建。通过智能设备的引入，对生产管理过程中的关键控制点进行状态感知、自主决策，能促使自动化、智能化制造技术在航空发动机领域关键生产环节的应用成为现实。

（1）产品数据共享区的建立

在成熟度模型的基础上，设计部门要定期将产品数据传送到共享区，这些数据包括发动机外形、结构等 CAD 模式与技术文件。制造人员根据这些数据做好生产准备，提升准备工作的开展效率。

（2）协同数据共享

借助统一的定义、平台与编码，航空发动机制造、工艺等数据实现了共享，使产品研制周期有效缩短。

总而言之，在航空发动机设计与制造的过程中存在很多协同优化问题，这种协同不仅包括设计与制造方面的协同，还包括人、设备、计算机、物料方面的协同，乃至整个物理世界与信息时间之间都存在协同，需要对智能技术、信息技术、制造技术进行整合应用。随着智能制造技术的推广应用，航空发动机的协同设计与制造必将得以进一步应用。

8.2.3 航空制造的数字化转型

航空工业属于高技术产业，数字化技术之于飞机研制早已不是一种辅助工具，而是一种必备手段。随着时代的发展，信息技术早已在航空先进制造技术领域实现了全面渗透。西安飞机工业（集团）有限责任公司（下面简称“西飞公司”）借助信息化战略，立足于现代信息技术，将信息资源作为战略资源，使自身的核心竞争力得以大幅提升。

◆ 完成信息化改造

西飞公司是一家集设计、制造、生产于一体的大型航空工业企业，属于中航工业的下属企业，主要研发生产大中型军用、民用飞机。在信息化改造初期，西飞公司策划并实施了六项信息化工程：一是信息化基础环境改造与建设；二是飞机数字化设计制造系统建设与应用，该系统以PDM（Product Data Management，产品数据管理）为核心；三是ERP系统实施；四是供应链管理系统建设；五是客户关系管理系统建设；六是办公自动化系统建设。目前，这六项信息化工程建设均已完工，公司既定的信息化改造目标也已实现。

但现阶段，飞机制造企业面临的现实问题依然很多：首先，市场竞争愈演愈烈，产品制造与生产周期逐渐缩短，对产品质量的要求不断提升，并要求生产成本不断下降，服务逐渐完善；其次，客户需求个性化，使得原来单一品种产品的研发生产要逐渐向多品种、多构型、小批量混线生产转移，面对这种新形势，刚性生产线表现出了极大的不适应；最后，随着先进生产力的高速发展，科研生产管理模式、流程与组织发生了巨变。

为了解决上述问题，西飞公司在飞机研制、生产的过程中引入了一系列先进技术，如数字化设计、构型管理、数字仿真、辅助分析计算、产品数据管理等，并围绕数字化设计的实现构建了良好的环境与比较完善的应用标准体系，对数字化设计进行规范和指导。

另外，西飞公司全面引入三维数字化设计制造技术来进行飞机研制，应用统一的在CATIA(Computer Aided Three-dimensional Interactive Application，交互式CAD/CAE/CAM系统）基础上构建起来的设计制造环境，对各种新型号设备进行数字化设计与装配。同时，工装设计制造与数控加工也全面应用软件。除此之外，西飞公司还将VERICUT软件引入数控加工进行数控模拟仿真。

为了满足型号研制需求，西飞公司投入大量资金构建信息化基础环境，配置了多型号的服务器，建立了千兆园区网，对公司科研、生产、管理等业务部门进行全面覆盖。园区网与国际互联网分离，构建了一个专门的网络平台支持异地协同设计制造，共享综合管理信息。

经过多年的信息化建设，现如今，西飞公司已拥有两套在物理层面相互独立的网络系统，一是西飞 Internet，二是西飞园区网。在西飞公司整个网络系统中，光纤铺设了 50 多公里，公司厂区各个角落都实现了网络覆盖。

◆构建管理数据化平台

飞机研发生产过程中的很多工作都需要协同完成，因此在这个过程中存在很多协同工作模式，这种协同业务管理模式贯穿飞机研发生产的全过程。西飞公司构型协同管理的数据主要是制造数据集，只有以这些数据为基础，西飞公司才能继续开展生产制造、产品支援等后续工作。因此，对制造构型数据进行有效管理至关重要。

另外，在飞机研发制造过程中还有一些构型管理信息，如产品、部件、系统、各类型的构型文件、零件等，在飞机的整个生命周期中，这些数据编号要保持一致，以便进行唯一标识，并且需要能为数据对象提供支持的版本历史。

在院厂协同的环境下，西飞公司的 Windchill 系统是制造阶段主要管理工作的实施场所。为了有效缩短产品研发周期，让可能产生的变更次数大幅减少，西飞公司与一飞院等单位的工作人员相互协作，实现异地数据共享与浏览。当然，这里的数据共享与浏览不是共享、浏览系统中的全部数据，共享、浏览的是经过协商确定下来的部分数据，并且相关人员要对这些数据进行细分管理，满足相关人员的数据需求，让数据的作用充分发挥出来。

飞机研发制造各阶段结束之后，西飞公司要接收设计院传来的新数据，这些数据可能是新产生的数据，也可能是新变更的数据，最终这些数据将成为西飞公司各业务单位开展工作的参考依据。同时，西飞公司与其他合作单位、承包商之间也会发生数据传输。例如，一飞院研发出生产数据，要将其传输给西飞公司，西飞公司参考这个数据组织飞机的研发、生产等。

在数据发放、接收的整个过程中，数据必须一致、完整、可追溯，以使流程受控、规范化需求得到极大的满足。所以，为了保证数据能实现有效传递，西飞公司必须构建完善的数据发放与接收机制。

另外，借助会议模式，西飞公司可邀请异地人员参加会议。在会议讨论的过程中，与会人员可对模型进行批注、测量、剖切、旋转、平移，所有与会人员都能同步看到这些操作。

◆实现技术创新

西飞公司在建设多项目并行协同数字化平台的过程中取得了以下三大技术创新点与进步点：第一，创建了单一产品数据源管理体系与平台，推动产品数据源从多数据源转向单一数据源；第二，让飞机研发在系统、过程、应用、信息等方面实现了集成；第三，借助多项目并行协同数字化平台的电子样机管理，各机型实现了统一管理，技术状态管理从传统的事后统计管理转向了过程管理。

多项目并行协同数字化平台的主要功能是对产品数据与产品开发过程进行有效管理，为正确的数据在正确的时间传输给正确的人并开展正确的操作提供了支持。另外，在产品研发过程中，该平台还是知识系统，其中的知识包含很多内容，如产品结构、生产过程、存取或变更管理规则等。多项目并行协同数字化平台最擅长的工作就是保证数据的唯一性，系统模式建立起来之后，随着模型数据、控制数据、属性数据进入系统，在这些数据发布之后，整个系统将受到严格控制。

借助各类报表，技术人员的劳动强度将大幅减弱，工作效率、工作

效率、工作质量都将得以大幅提升。以装机零件清册为例，过去要想完成这项工作，需要十几个设计员耗费 3 ~ 4 个月的时间统一编制，其准确率还无法得到有效保障。而借助多项目并行协同数字化平台的报表功能，该工作只需十几分钟就能完成，且准确率还很高。

飞机研制是一个复杂的系统工程，需要经历 4 个阶段，分别是方案设计阶段、工程研发阶段、生产阶段和使用阶段，这 4 个阶段构成了产品的整个生命周期。随着飞机越来越复杂，借助计算机信息技术、并行工程、CAD 技术、CAM 技术实现数字化转型，能使整个研制过程得以优化，能使研发质量得以提升，研制周期大幅缩短，研制成本有效下降。

第 9 章

汽车制造：开启未来汽车“智造”新变革

9.1 我国汽车工业智能制造的发展路径探讨

9.1.1 汽车智造：我国智能制造的突破口

人工智能是智能制造发展的基础。智能由知识与智力融合而成，其中，知识是智能发展的前提，智力则为汲取知识并将其应用到实践中的条件。智能制造技术与智能制造系统都是智能制造的组成部分，智能制造系统能够持续丰富自身的理论体系，进行自主学习，通过信息获取来了解周边环境与系统自身，还能对自身的能力水平进行评估，并根据既有规划做出相应的行为反应。

2017 年 4 月，工业和信息化部、国家发展改革委、科技部共同颁布了《汽车产业中长期发展规划》，规划中对国内汽车产业面临的发展形势及取得的成就进行了总结。并指出，汽车行业要将发展先进车用材料及制造装备作为重点任务，推进数字化开发，同时注重对先进智能制造技术的引进，具体包括云计算、大数据、VR、物联网、机器人等技术项目。

“工业 4.0”时代的大门已经敞开，智能制造在世界多个国家及地区获得迅速发展。目前，美国、德国等国都推出了智能制造相关的一系列支持性政策。我国也不例外，在国家政策的驱动作用下，智能制造装备行业呈现蓬勃发展趋势。航空装备、卫星制造与应用、轨道交通设备制造、海洋工程装备制造及智能制造装备并列为我国高端装备制造领域的五大支撑行业，其中，前四大行业的开发都已接近饱和状态，只有智能制造装备行业仍然蕴藏着巨大的发展潜力。尽管该行业已被列入世界性战略新兴产业，但目前认识到其价值的投资者仍为少数。

国内汽车产业自改革开放之后发展得十分迅速，进入 21 世纪后呈现出持续上升的发展态势。中国汽车工业协会网站的统计结果显示，我国 2016 年中国新车产量及销量达 2800 万辆以上，又一次荣登国际榜首。国内汽车产业的发展使汽车制造装备行业迅速崛起，我国在技术研发及应用方面的自主创新能力也显著提高，例如，我国的整车制造装备有了明显的进步，零部件生产的准确性大大提高，能够为汽车制造与生产提供更为有力的支持。

近年来，随着互联网及智能技术在制造领域的应用，以及新材料和新能源的开发，世界范围内正掀起又一轮技术创新革命。以德国为代表的西方发达国家经历了工业 1.0、工业 2.0 及工业 3.0 时期，并迈进了“工业 4.0”的大门。相比之下，中国仍处于工业 2.0 与工业 3.0 时期，因此，国内制造业要在认清自身发展现状的基础上，补齐自身的不足，加快促进工业 3.0 的普及，积极开展“工业 4.0”建设，也就是说，目前我国在工业发展过程中面临更大的挑战。

目前国内汽车工业的发展水平如何？从浅层次来分析，国内工业化水平并不低，合资企业的发展水平尤其高，但到目前为止，汽车装备制造所需的核心技术仍由西方发达国家垄断，但从本质层面来分析，国内汽车制造业要想在新一轮的技术革命中实现制造业的跨越式发展，就要将核心技术牢牢把握在自己手中，提高自身的核心竞争力，这也是当下汽车制造行业面临的艰巨任务。

9.1.2 创新思维：引领汽车工业转型升级

不可否认，国内汽车装备领域经过多年的发展已取得了十分突出的成就，但与此同时，我们必须承认，到目前为止，我国尚未掌握汽车关键零部件、车身制造设备以及新能源汽车的核心技术，仍然需要从美国等国家引进。随着国内社会经济的发展，市场上对汽车产品的需求量迅速增多，虽然国内制造装备业已进入自主创新时期，但面对日益增长的市场需求，企业仍然不能放弃对外来核心技术的应用，这说明国内汽车制造行业仍需加强智能化建设。

传统的供需模式具有明显的单一化特征，近年来，随着互联网的高速发展及普遍应用，汽车行业开始在国际范围内进行市场开拓，面临的市场竞争也越来越激烈。现如今，那些因供需体系不完善而无法发挥潜力的汽车企业拥有了大展宏图的机遇。但如果企业的产品缺乏可靠的质量保证，或其服务体系不完善，就会在竞争中处于劣势地位，败下阵来。

我国应如何提高汽车制造的智能化水平？在汽车装备制造领域，我国如何提高自身的竞争实力？从理论层面上来分析，汽车制造领域的发展涉及许多相关企业，因而适合进行智能化升级与改造。要提高汽车制造与生产的智能化水平，就要促进互联网信息产业、装备制造业等相关企业的发展，需要上下游产业共同努力。

智能制造的目的有两个：一个是提高生产制造的智能化水平，另一个是输出智能化产品。要想提高生产制造环节的智能化水平，企业就要改革传统思维模式，积极与互联网行业结合。在具体实施过程中，企业要加强互联网应用在各个环节的渗透，具体包括原料采购、产品研发与设计等环节，企业通过提高整体运营的信息化水平，降低能源消耗，实现智能化生产。

企业在发展过程中除了注重理论层面的创新，还要进行产品创新。对汽车企业而言，最重要的是产品。为此，企业既要注重在各个环节进行信息化、智能化建设，又要回归产品本身，不断提高汽车产品的质量与安全性能。

在科技发展迅速的今天，制造企业开始进行智能化与网络化建设，更加注重对技术的应用。越来越多的制造业企业开始转向智能制造。现阶段下，智能制造已成为多个国家及地区的发展目标。

传统模式下，国内的制造企业以中低端制造为主，其价值含量较少。要想实现国内制造业的转型升级，用高端制造来取代以往的低端制造，就要提高企业运营的智能化水平。另外，企业需要集中精力进行技术研发与应用，实施批量化生产，提高自身的运营效率，在经营发展过程中缩短盈利周期，持续创新，提高整体生产的智能化水平。

近年来，高端制造业开始在发达国家聚集，与此同时，中国周边的发展中国家在制造领域占据成本优势，成为我国的竞争对手。面临来自诸多方面的挑战，中国需缩短智能制造技术发展的进程，并向产业化方向转变，进一步提高我国制造业的竞争优势。尽管我国的智能制造技术已取得了突出成就，但在产业化应用方面仍有待发展，且我国尚未掌握智能制造的核心技术，需通过发展智能制造业带动制造技术向产业化方向转型。另外，目前国内生产制造领域存在严重的资源浪费现象，进行智能化建设，能够促进企业对环保设备的应用，提高资源利用率，减少环境污染。

汽车产业的发展是一个国家整体工业竞争实力的代表，能够反映出这个国家的智能化发展水平、产业化程度等，其运营涉及钢铁制造、化工、橡胶、电子、网络信息技术等诸多领域，形成一个完整的产业链。因此，我国非常注重汽车产业的智能化建设与发展。

要提高汽车制造与生产的智能化水平，就要注重创新，提高企业的自主创新能力。在今后的发展过程中，汽车企业要开展数字化建设，对以往的车型设计、制造模式、生产流程、结构组成等进行优化与调整，与此同时，要不断提高企业的生产工艺，注重先进技术设备的引进与应用，推动企业进行转型。

9.1.3 无人驾驶：一个新兴的汽车业风口

2016 年 9 月，美国交通部颁布了针对无人驾驶技术厂商的指导意见书，成为世界范围内第一份以无人驾驶汽车为目标对象颁布的指导意见。现在就来探讨一下无人驾驶汽车的发展历程、基本运作原理及该领域未来发展的前景。

◆无人驾驶汽车发展史

进入 20 世纪后，电子信息技术迅速崛起并在诸多领域得到应用，为无人驾驶汽车的诞生与发展提供了必要的技术支撑。与此同时，人类在物理计算领域取得突出成就，动态视觉技术、人工智能技术的发展，减少了无人驾驶汽车发展过程中的阻力，先进技术手段的应用有效推动了该领域的发展与成熟。

美国的无人驾驶汽车研究可追溯到 20 世纪中期，80 年代，美国启动自主地面车辆 AVL 项目，开发出能够在良好路面低速行驶的机器人。到 90 年代中期，美国卡耐基梅隆大学推出的 Navlab-V 智能车的行驶速度进一步提高，且可适应不同的路况环境，经历了总距离达 4 万多公里的无人驾驶测验。此后，谷歌在无人驾驶领域不断取得突破，并于2010年在城市道路上进行了无人驾驶测验。5年之后，美国的全无人驾驶汽车开上公共道路，在不受警察保护的情况下完成首次测验。2016年，谷歌无人驾驶汽车项目的总体行程已超过200万英里（322万公里），表明到目前为止，美国无人驾驶技术已处于世界领先水平，且具有较高的安全性。

我国的无人驾驶汽车研究开始于20世纪80年代，在时间上落后以美国为代表的西方发达国家，因此我国的无人驾驶汽车技术水平较低，经验方面也存在短板。20世纪90年代，美国国防科技大学、北京理工大学等联合研发的ATB-1无人车，表明中国无人驾驶的大门正式敞开，开始在无人驾驶技术领域进行探索。此后，我国又对ATB-1进行了优化升级，推出ATB-2无人车。到2005年，ATB-3亮相，相比于前两代无人驾驶车，这款产品应用了先进的轨迹跟踪技术，能够对周围环境进行更为有效的识别。由国防科技大学研发的红旗HQ3于2011年7月通过了从长沙到武汉的无人驾驶测验，全程达286公里，是我国无人驾驶进入全新发展时期的里程碑。2015年8月，我国第一辆无人驾驶客车在开放道路上通过自动驾驶测验，测验过程中未进行人工干预。同年12月，百度宣布其无人驾驶车通过了在混合路况下的自动驾驶测验。

按照美国国家公路交通安全管理局的标准，智能汽车包括四个等级，由低到高依次为辅助驾驶、半自动驾驶、高度自动化驾驶和完全自动化驾驶。现阶段，汽车产品普遍进入半自动驾驶阶段，很多汽车生产企业已经能够制造高度自动化驾驶汽车，但至今仍未将产品投入长距离出行应用中。在无人车开发领域，发展水平最高的当属谷歌，如今该企业已经进入完全自动化驾驶机车的开发及检测阶段。

◆无人驾驶汽车未来展望

数据统计结果显示，到2017年6月底，中国汽车保有量达2.05亿辆，我国汽车保有量突破百万大关的城市达到49个，其中，北京、成都、重庆、上海、苏州及深圳的汽车保有量达300万辆以上。不仅如此，中国的汽车保有量仍呈增长趋势，许多城市面临交通压力，经常出现交通拥堵问题，不仅加剧了环境负担，交通事故的发生概率也明显提高。

作为汽车需求大国，中国与美国都开始进行无人驾驶汽车的研发，希望通过无人驾驶车降低城市的交通压力，促进环境保护与经济发展。中国与美国的互联信息技术水平都很高，在无人驾驶汽车研究及发展过程中，美国将成为中国的强劲竞争对手。2015年年底，百度发布无人驾驶汽车计划，计划在2018年使无人驾驶车进入商用阶段，2020年实现无人驾驶车的量产。另外，百度的无人驾驶汽车开发已经得到了政府相关部门的支持，百度研发的无人驾驶巴士可在政府规定的路线内投入使用。

通过分析不难发现，无人驾驶车拥有广阔的市场发展潜力。但从现阶段下的发展形势来看，无人驾驶汽车的发展仍受到法律、技术因素的限制，其安全性还有待提高，且对企业的资金实力提出了较高的要求。许多城市经常出现交通拥堵的现象，交通管理部门会安排交警进行现场交通指挥，而无人驾驶汽车还无法识别交警的手势，不能据此执行命令，另外，汽车在行驶过程中会面临紧急情况，在具体处理过程中可能涉及道德伦理，无人驾驶汽车不能进行有效处理。

近年来，以百度、谷歌代表的实力型互联网企业及传统汽车生产企业都积极寻求政府的支持，联合进行无人驾驶汽车的开发与测试，并努力推进无人驾驶汽车的商业化应用。为推动该领域的发展，各国政府积极进行法律建设，例如，美国交通部于 2016 年 9 月开始实施面向无人驾驶厂商的指导意见书，确立了无人驾驶的安全标准，要求生产企业对其无人驾驶车辆的安全性能进行严格检测，并规定无人驾驶程序不能违背当前的交通法规，并要求开发者提高系统的安全性，防止因黑客攻击影响其正常运转。由此可见，无人驾驶正得到政府部门的支持。

如今，无人驾驶市场正迅速崛起，但目前仍处于早期发展阶段，受到技术因素的限制，且缺乏有效的经验积累。现阶段下，无人驾驶系统仍存在许多不足，无人驾驶车辆在短期内也无法实现普遍应用。但不可否认，汽车行业已经将无人驾驶汽车视为今后的发展方向，当无人驾驶汽车发展成熟时，人们传统的出行方式会出现很大变化，目前存在的交通拥堵、环境污染等问题也会得到很大改善。

9.1.4 基本原理：无人驾驶汽车的新未来

何为无人驾驶汽车？即在汽车内部安装智能软件，并应用导航系统、雷达系统、传感系统等，对车辆所处的环境进行识别，采用类似于人脑的信息处理方式，对车辆行驶过程中的信息进行快速提取与分析，对汽车的方向与前进速度进行调整，做到自动化驾驶，最终行驶到预定目的地。无人驾驶汽车的终极目标是避免发生交通事故，有效解决交通拥堵问题，保护城市环境。概括而言，无人驾驶汽车即以自动化方式进行控制与行驶的智能汽车产品。

无人驾驶汽车的发展离不开相关技术的支撑。无人驾驶汽车在行驶途中需要进行环境识别、路径选择，并在遇到相关问题时及时做出科学决策，同时要发挥计算机网络的控制作用。所以，无人驾驶系统包括 4 个板块：环境感知系统、地理信息系统、决策控制系统和计算机控制系统。

（1）环境感知系统，是无人驾驶车的视觉信息获取与分析系统，在具体应用过程中，无人驾驶汽车可利用外部传感器对其所处的环境信息进行收集，选择合适的模型，为计算机控制系统导入汽车所处的位置、附近的障碍物等信息，由此可见，无人车的环境感知系统包括两大模块：车载导航设备及障碍物检测装置。之前，磁导航普遍应用于无人车中，主要利用道路上的电线、磁钉等进行信息收集；随着发展，光学摄像头被应用到该领域，可通过拍摄技术，以图片方式进行信息收集，不过，要想提高无人驾驶车信息获取的及时性与准确率，就要采用尖端的图像处理与模式识别技术。现如今，谷歌的无人车主要通过激光雷达技术进行信息获取，该系统能够产生激光信号，并接收被障碍物反射回来的激光，以此分析设备与障碍物之间的距离，并配合谷歌地图，对无人车进行实时性准确定位。

（2）计算机控制系统，是无人驾驶汽车的中央处理系统，能够在短时间内处理来自传感器的海量信息，据此制定控制策略，然后由执行系统负责实施。为了在有效时间内对工作电流、导航定位、激光雷达等信息进行智能化处理，要给无人车的计算机系统配备功能强大的软件。

（3）决策控制系统，计算机控制系统给出策略之后，硬件系统负责执行，体现为对无人车的车速进行调节，或者改变汽车方向。

（4）路径规划，无人车根据既定路径实施车辆导航与中途控制。路径规划是指系统根据两地之间的距离、时间、路况、成本消耗等因素，从中选择最佳的到达方案。路径规划有两种：一种是全局规划，即着眼于整体，从宏观角度选择两地之间的路径；另一种是局部规划，即在进行全局规划之后，利用环境感知系统对途中的路况信息等进行分析与处理，进一步细化车辆的行使路线。在行使过程中，无人车会将全局路径规划与局部路径规划搭配使用，科学地进行路径选择。

9.2 "2mm 工程"在现代汽车精益制造业中的应用

9.2.1 汽车制造的"2mm 工程"原理与实施

在整车制造的流程中，冲压、焊接和涂装三部分的流程工序最复杂，要求也最高，同时也是车身制造的核心。车身的制造过程极其复杂（见图 9-1），首先要冲压 300 ~ 500 个具有复杂曲面的薄板零件，然后把零件经焊接成为分总成，分总成又成为下层的零件，通过近 100 个车身装配工位进行装配。接下来是涂装和内饰等数十道工序，再加上中间环节众多，从而使制造偏差难以控制。具体有些什么类型的偏差呢？有冲压件尺寸偏差、焊接变形、夹具的影响、操作的失误等。

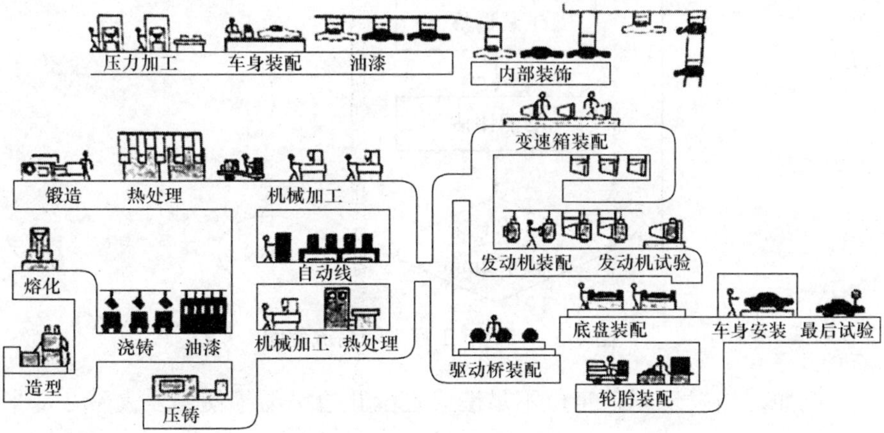

图 9-1 车身的制造流程

于是，繁多的偏差原因会最终造成车身尺寸的偏差，这将为汽车的后期制造带来极大的影响，所以要采取一定的标准进行过程控制。密歇根大学和通用汽车数年前就采用“2mm 工程”来实现车身制造的偏差过程控制，其实施原理是所有车身关键测量点的波动必须小于 2 毫米，从而保证整车的波动小于 2 毫米。

其执行步骤是通过测量数据、数据分离、原因分析、工装调整和功能评估来测量每个重要环节的波动是否小于 2 毫米，否则就要从测量数据重新开始，因此“2mm 工程”是闭环工程，通过这样的流程不断进行优化（见图 9-2）。

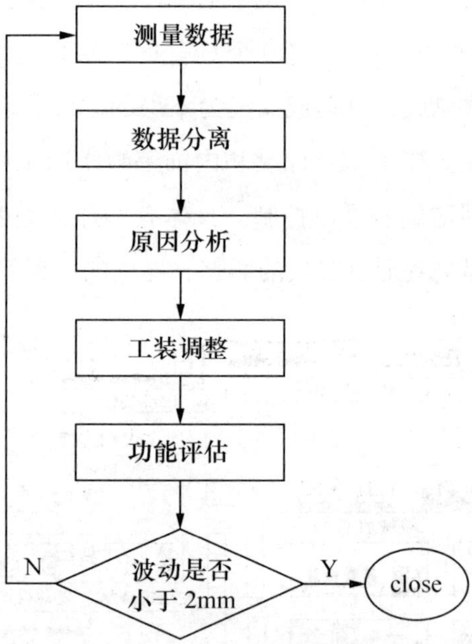

图 9-2 “2mm 工程”简易流程图

例如，当发现车顶定位不足造成定位孔边缘易损使偏差大于 2 毫米时，就要检查制造存在的问题，如果问题是由于定位孔和定位销的接触面积过小造成的，需要将方形的定位改成圆形，然后重新测量数据，并做整车 2 毫米验证。

如果误差依然大于2毫米，工程师就会更换不同的孔径定位销，直至稳定性控制在2毫米内。假定发现门框缝隙过大，波动超过2毫米，检查后发现偏差来源于车门框的分开冲压，工程师就会采用整体冲压，然后重新测量数据，并作整车2毫米验证；如果误差依然大于2毫米，工程师会不断修正冲压直至参数稳定性控制在2毫米内，“2mm工程”还通过持续质量改进指数，即用每期的历史曲线监控长期的波动。

也就是说，每次做完工装调整后，都要进行局部和整车的“2mm工程”。因此，持续不断地改进，使局部和整车波动性都能限制在2毫米以内，稳定性不断加强。“2mm工程”体现了不断改善的思想，也成为保障汽车实际装配质量的法宝。

9.2.2 从汽车召回案例看精益制造的差距

在20世纪初“2mm工程”不仅已成功地运用在国际汽车制造商流程中，还进一步深入其汽车零配件的制造环节中。反观我国本土的自主品牌汽车制造企业在强调做大、做强的同时，却没有完全引进和消化持续改进的思想。市场永远是检验企业竞争力最公平、最公正的标尺。下面，我们就根据国产汽车市场的表现剖析精益制造的差距。

中国汽车召回制度，即《缺陷汽车产品召回管理规定》，从2004年10月1日开始实施，截至2006年年底，据统计，本土汽车召回次数占30%，本土生产汽车召回数量却占了召回总数的83%。这一数字令人担忧，国产车为什么会被大量召回？召回的原因是什么呢？如表9-1、表9-2所示。在2007年8月至2008年年初，国产车频频被召回，什么原因导致国产车扎堆召回，是巧合吗？当我们去探究这些召回数字背后的原因时，中国汽车制造业的质量问题开始浮出水面。

表 9-1　本土生产汽车召回案例（一）

召回时间	制造商	召回车型	数量
2008 年 2 月 3 日	东南汽车	菱利微型客车	3181
2008 年 1 月 28 日	四川丰田	柯斯达	3190
2008 年 1 月 17 日	一汽轿车	奔腾轿车	1626
2007 年 12 月 10 日	湖南长丰	长丰帕杰罗越野车	10152
2007 年 9 月 30 日	东风汽车	轩逸、颐达、骐达、天籁、骊威	3154
2007 年 8 月 27 日	江西昌河铃木	利亚纳轿车	11716
2007 年 8 月 16 日	宁波吉江	Ne6720d1	115

我们发现，大量的召回车辆并不是由于高精尖的关键技术问题导致的，而是装配和工艺上的小故障导致的。为什么这些焊装工艺不稳定、螺母松动、微小龟裂、制动液渗出、安装间隙过大等很容易被忽视的小问题会导致汽车被召回呢？

表 9-2　本土生产汽车召回案例（二）

制造商	召回车型	缺陷	极端后果
东南汽车	凌利微型客车	车辆前下臂焊接工艺不稳定，可能发生开裂	前下壁可能会断开，影响车辆操控安全
四川汽车	柯斯达	传动轴连接螺栓紧固扭矩不足，行驶中螺母可能松动	传动轴可能脱落，影响车辆行驶安全
一汽轿车	奔腾轿车	发动机连杆的紧固螺栓孔的螺纹加工不良，螺栓可能松动	导致气缸体破损、发动机熄火
湖南汽车	长丰帕杰罗越野车	发动机罩锁闩的成型磨具的磨损引起微小龟裂	发动机罩锁闩断裂而导致发动机罩打开，遮挡驾驶视线，影响车辆的制动效果

制造商	召回车型	缺陷	极端后果
东风汽车	轩逸、颐达、骐达、天籁、骊威	前制动器检验标识工艺不规范，导致部分产品存在制动液渗出的隐患	卡子疲劳断裂，挡位无法切换，车速无法控制，伴有异常超噪声和振动，危及道路交通安全
江西昌河铃木	利亚纳轿车	手动变速器操纵钢索销钉卡子与换挡支座之间的间隙过小	卡子疲劳断裂，挡位无法切换，车速无法控制
宁波吉江	NE6720D1 客车	导致客车后减震器上支架下部纵梁产生裂纹	伴有异常噪声和振动，危及道路交通安全

在这些小缺陷的背后隐藏着重重危险，其可能引发的事故后果不可想象。例如，一辆奔腾轿车的发动机连杆的紧固螺栓松动，竟可导致汽缸体破裂，发动机熄火。湖南长丰的帕杰罗越野车发动机罩锁闩的成型模具磨损，发生微小龟裂，可导致发动机罩锁闩断裂进而导致发动机罩打开，遮挡驾驶视线。再如江西昌河铃木的利亚纳轿车手动变速器操纵钢索销钉卡子与换挡支座之间的间隙过小，可导致卡子疲劳断裂，挡位无法切换，车速无法控制。

这些看似微不足道的小问题，其实正是我们一直以来的生产瓶颈，即稳定性差，质量波动区间大。仅以看似简单的冲压焊接环节为例，如果缺乏有效的质量稳定性控制，冲压和焊接的工艺要求都无法被满足。更为严重的是国内部分生产厂商甚至“精简”持续改进中的必要生产环节，蒙蔽消费者。

我们以“涂装”工艺流程为例，探讨精益制造在实施中是如何失之毫厘、谬之千里的。图 9-3 中焊接好后下线的白车身是银白色的，也就是钢板原始的颜色。白车身在最后总装前还要在涂装车间做以下的几道工序：三遍防护漆（电泳底漆、中涂漆、面漆）、安装防腐堵件、三遍防护胶漆（粗密封、地板防护、细密封）、防腐注蜡、铺装减震消音垫片、修饰打磨、铺防尘罩、发往总装。而其中三遍防护漆（中涂漆）、三遍防护胶漆（粗密封、地板防护、细密封）防腐柱蜡在正常情况下对汽车本身的安全没有直接影响，并且最终用户也无法直接感受到其价值。因此，国内的部分生产商看到了可以精简的空间，直接把这些环节大胆省去了。

这些环节真的没有什么价值吗？事实当然不是如此简单，消费者看不到的环节不等于多余的没有价值的环节，殊不知，在一个看似不重要的环节工艺上马虎或者缺失，最终将导致整部车质量的偏差。例如，PVC 防护漆对发动机和后备厢盖的影响极大，有效喷涂后，钢板抗冲击力可大大提高。

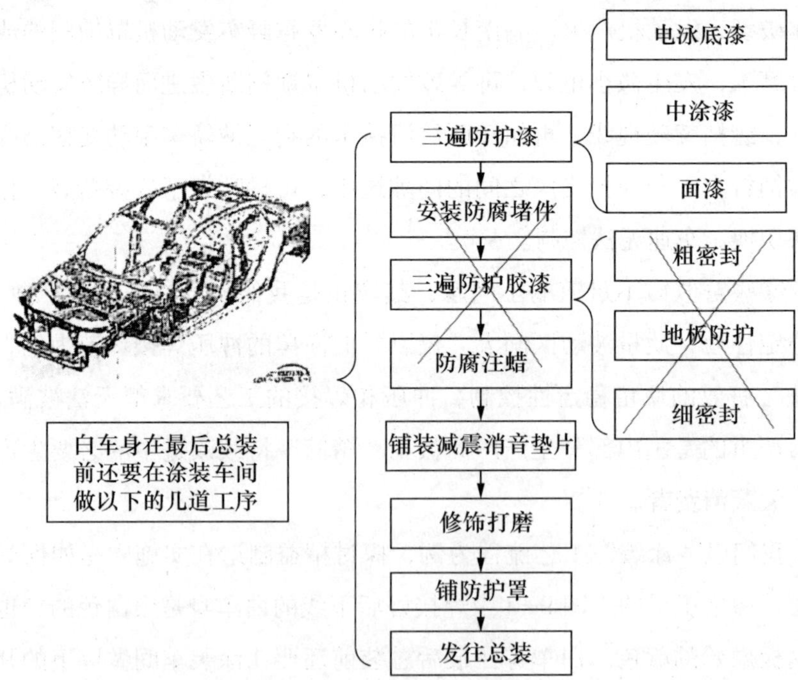

图 9-4　汽车喷涂工艺流程

2005年杭州特大交通惨剧是由一辆婚车引发的，婚车广本雅阁撞上隔离带后车身当场解体为两段，造成三死两伤，令人震惊的是车身断裂得非常整齐，经事故认定和调查分析，车身的整齐断裂竟然和焊接涂装环节的质量不过关有重大关系。而这仅仅是雅阁“断裂门”的序曲。同样的悲剧连续发生后，媒体发问：为何广本的雅阁一出事就解体？眼睛看不到的环节是否可以被“精明”地节省掉？无情的交通事故就像一个铁面无私的判官，把质量不过关的车毫不留情地踢出场外，只是这代价竟如此沉重。

谈起精益制造，“2mm工程”的实行不仅仅是对产品负责任，更是对消费者的安全和生命负责任。唯有对每一个环节持续不懈地精益求精，这才是“2mm工程”的真正精髓。而汽车生产商不能在生产过程中止步于每个环节的严格执行与检查，更要在检验中积累参数，坚持持续改进，才能保证稳定的质量与品质。

9.3 我国汽车制造业核心竞争力与人才培养途径

9.3.1 新竞争环境下的企业核心竞争力的源泉

汽车制造业在我国经济发展过程中扮演着十分关键的角色，但和美国福特、德国大众、日本丰田等海外巨头相比，我国汽车企业在技术、创新能力等方面仍存在较大差距，要想推进中国汽车制造业的持续稳定发展，提高国内汽车企业在国际市场中的竞争力，必须引进并培养一批优秀的复合型人才。

无数实践案例已经充分证明了，企业要想在国际市场中保持较强的竞争力，必须在核心技术、管理模式等方面构筑较高的竞争门槛，而核心技术与管理模式都来源于优秀人才。在经济全球化以及国际分工不断深化的背景下，人力资本成为企业打造核心竞争力的重要组成部分，对企业乃至国家经济发展具有直接影响。

在巨头林立的国际舞台中，很多中国企业受制于技术、营销、管理等方面的人才缺失，导致在跨国贸易中没有足够的话语权，甚至沦为海外巨头的代理工厂。所以，加强人力资本投资，提升人力资本质量，培养一批富有创造力的复合型人才，这成为提升企业核心竞争力的关键所在。

关于企业的核心竞争力，海内外学术界都有大量专家学者进行深入研究，其内涵丰富多元，但目前对于其概念并没有统一的结论。“核心竞争力”的概念由美国著名管理学者普拉哈拉德（C.K.Prahalad）和哈默尔（G.Hamel）率先提出，在二者共同出版的《企业核心竞争力》一书中，将核心竞争力模型表述为“一个通过整合企业内部资源、综合企业实力，来开展商业活动的自内而外的企业战略”。

核心竞争力是企业具有的独特资源、能力等，是企业取得领先地位的重要支撑。它体现了企业长期取得领先优势的能力，是企业独有的、具有一定的延展性、能够经历时间考验，并且是竞争对手很难模仿的能力。

长期来看，企业取得市场领先地位的关键在于，企业以较低的成本、先于竞争对手打造核心竞争力。需要注意的是，核心竞争力并不局限于技术，营销、服务、品牌建设、管理方式、商业模式、企业文化等都可能成为企业的核心竞争力。以企业文化为例，企业文化作为一个企业组织的价值考核标准与行为指南，对企业的发展有十分深远的影响。从这一角度来看，企业文化对社会所具有的价值判断标准就成为企业的核心竞争力。

本质上，技术、产品、服务、营销、商业模式、管理手段等各种形式的企业核心竞争力，都可以回归到人力资本中来。正是由于优秀的复合型人才的存在，才能让企业在这些方面与竞争对手实现差异化，并形成了强大的核心竞争力。

现代企业的竞争也是人力资本的竞争，只有能够吸引并培养一批优秀复合型人才的企业才能获得领先优势，在激烈而残酷的新竞争环境中长期稳定地增长。在同质化竞争日趋白热化、价格战泛滥的当下，越来越多的国内企业认识到了加强人力资本投资的重要性。

在研究机构发布的全球科技实力排行榜中，我国从事研究与开发工作的 R&D（Research and development，研究与开发）人员数量具有明显领先优势。但在科技实力、研发能力、人才综合素质等方面，我国仍有较大的提升空间。虽然 R&D 人员数量具有明显优势，但知识产权保护机制缺失、企业科技资本投入缺乏积极性、科技成果转化率较低等问题，导致综合人才竞争力明显落后于德国、日本、美国等发达国家。

优秀人才的规模与质量，决定了一个国家在国际竞争中的话语权，是反映国家综合国力的重要指标。要想增强我国的综合人才竞争力，不仅要增强公共教育与人力资本投资力度，对广大企业来说，尤其需要重视人力资源开发、人力资本储备，在国际市场中真正打造出核心竞争力。在愈发强调人性化的现代企业管理理念中，为了吸引并留住优秀人才，企业需要为员工创造优良的工作环境，树立公平、公正、合作、共赢的竞争原则。

9.3.2 汽车制造业的核心竞争力与高端人才紧缺

在世界经济持续低迷、我国经济面临较大下行压力的背景下，国内企业的发展状况十分堪忧。在巨大的竞争压力与一系列全新的挑战面前，很多国内企业采取了收缩战线的保守策略，通过关闭门店、裁员等方式降低成本，但收效甚微，甚至很多企业被野蛮的颠覆者淘汰。

从实践来看，国内并不缺乏白手起家的优秀企业家，他们凭借着前瞻性的战略眼光与冒险精神创造了一个个传奇，但在打造企业核心竞争力、推动企业长期稳定增长方面却存在较大短板。

目前，我国已经成为世界最大的汽车生产国及消费国，汽车产业也是我国国民经济支柱产业。在我国汽车产业的规模与体量快速增长的同时，汽车企业自主研发能力缺失、产品溢价能力较低、缺乏市场竞争力等问题愈发突出。以轿车产品为例，在国内轿车市场中，拥有自主知识产权的轿车品牌占比不足10%。

中外合资企业在我国汽车企业中占据了较大比重，这种企业对国内员工的要求通常就是掌握汽车组装与相关配件的知识与技巧，能够进行组装加工。虽然我国汽车产业保持高速增长，但因为没有核心技术与知识产权，导致对海外汽车巨头有较高的依赖性，对国内汽车产业乃至国民经济长期稳定发展，具有严重的负面影响。

造成核心技术与自主知识产权缺失的核心因素在于，满足汽车制造业发展需求的国际化人才严重匮乏。国际化人才不但要有完善的知识储备，还要了解国际市场态势，具有现代管理经验，而且有较强的创造能力，能够进行跨文化沟通。与此同时，更要具备爱国情怀，有全球视野及高度责任感。优秀人才缺失已经成为我国汽车制造业进一步发展的最大阻碍，具体来看，我国汽车企业尤其缺乏以下 4 种人才：

（1）能够为企业战略决策提供支持的人才，帮助企业解决政策、法律、信息等和企业运营相关的诸多问题；

（2）企业系统运行设计与集成人才，对企业日常运行过程中涉及的生产、销售、采购、物流、经营等诸多环节进行协调沟通，高效配置企业内部资源；

（3）财务管理人才，为企业提供金融、财务管理、经济分析、资金风险管控等服务的人才；

（4）能够进行综合管理的复合型人才。

为了解决人才缺失问题，很大一部分企业通过高薪聘用、挖角的形式从国内外引进人才，然而诸多实践案例已经充分证明了，仅靠几个精英根本无法有效提升企业的自主研发能力，更不可能为企业构建核心竞争力。

对于广大国内汽车企业而言，要想补足人才短板，需要从自主研发、持续发展的角度出发，打造一支长期稳定、富有活力与创造力的人才团队。汽车企业要将人才培养作为一项重要战略布局，不断强化自身的人力资源储备，建立完善的人才培养体系。

9.3.3 我国汽车制造业研发力量薄弱环节所在

汽车自主品牌比例较低、汽车企业核心技术缺失与自主研发能力不足，是中国汽车产业面临的几大重要问题，对广大汽车企业而言，需要吸引并培养更多的技术人才尤其是国际化人才，从而打造出强大的核心竞争力。

◆中国汽车制造业的发展现状

我国虽然是世界最大的汽车生产国与消费国，但汽车研发能力和欧美发达国家存在着差距。长期以来，很多国内合资汽车品牌，一直试图打造自己的研发中心，并且和合资外方进行不断协调沟通，甚至在利润分配方面做出了很大让步，但因为研发人才和高端管理人才不足，研发中心始终未能得到真正落地。

我国汽车领域的国际化人才相对不足，难以充分满足汽车制造业的转型升级需求，而且人才向海外流失问题也比较突出。同时，发动机、变速器、电喷系统等汽车核心零部件对欧美发达国家也有较高的依赖性。

我国进口的汽车零部件主要是高附加值、高技术含量的智力密集型产品，而出口海外的则是低附加值、低技术含量的劳动密集型产品。与此同时，相对有限的生产规模，导致成本较高，难以为国内汽车企业带来足够的利润回报。

◆高端技术人才的引进与培养问题

从实际情况来看，我国汽车企业引入国际化高端技术人才的方式主要包括以下几种：

（1）公开招聘，在国内外市场中招聘那些在韩国、德国、美国等地接受高等教育并有丰富工作经验的人才；

（2）引进国内专家；

（3）引进海外专家；

（4）从合资企业挖角。

对于很多国内汽车企业来说，可以通过公开招聘、企业推荐会、人才推荐等方式，招募一些在美国福特、德国大众等顶级汽车巨头工作过的专业人才。由于这类人才受教育程度普遍较高（通常在硕士以上），了解中西方文化差异，在专业技术与沟通能力方面具有明显优势，能够胜任关键技术与管理岗位。

这些专家了解国外汽车企业的管理及运营方式，并且了解国内与国外的文化与思维模式的差异性，既能和团队成员很好地沟通交流，也能帮助企业加强与外国企业的合作，是国内汽车企业自主创新及进军国际市场的重要保障，对提高国内汽车企业的竞争力具有十分积极的影响。

外籍专家同样在专业技术、管理经验方面具有较强的领先优势，比较适合进行技术攻关或担任战略顾问。不过这些专家通常都是离退休人员，可能会缺乏年轻人的旺盛活力与激情，当然，引进的外籍专家也可能会存在一定的沟通问题。

◆ **聘请的国外高端人才的技术局限性**

国外汽车企业能够长期保持较强的市场竞争力的关键在于拥有强大的自主研发与创新能力，而且为了保持领先优势，对核心技术进行严格保密。所以，国内汽车企业聘请国外高端人才可能无法充分发挥其价值，除了技术的局限性外，国内配套设备及信息系统相对落后，生产环境存在较大差异等，也会给国外高端人才的工作带来较大阻碍。

中国汽车企业从日本招募的外籍专家主要是在汽车行业工作多年的离退休员工，并不擅长技术，主要优势在于能够带来日本先进的管理模式。事实上，日本和韩国的高端国际化人才也存在较大缺口，也会以较高的薪资待遇争夺这类人才。

9.3.4 汽车制造业的特殊性与人才培养的途径

我国汽车制造业要想真正走向成熟，不仅要依靠少量的精英人才或核心技术，在从外部引进国际化人才的基础上，还要培养擅长团队合作、研究开发等方面的复合型人才，打造自己的技术团队。

除了要有高端科研人才对技术问题进行攻关外，还需要一些技术熟练、富有创造力的实用型人才，解决生产线上遇到的各种问题。和很多产品不同的是，生产汽车的过程需要涉及多种技术、功能及零部件，并且要充分保证各模块之间的协调性与稳定性。

对彩色电视来说，芯片、显像管、液晶面板等少数几个零部件就能组装为一个成品，但汽车不是如此，汽车需要多种核心技术和零部件，仅有发动机、刹车系统、变速器、电喷系统等几个核心零部件还远远不够。

与此同时，汽车能耗、耐用性，乘坐时的舒适度、安全感等，也会对产品的市场竞争力产生关键影响。为了有效控制成本，保证汽车行驶时的稳定性，研发设计人员还要考虑汽车零部件的位置及整个汽车的重量等。

汽车的研发工作不是简单地在研发中心就能完成，还要在生产车间中进行大量实验。汽车零部件的改良、更新不能仅考虑其本身，还要兼顾其与其他零部件的适配性。对生产工艺、制造技术等进行更新迭代时，也需要不断磨合，所以，汽车研发生产是一个庞大而复杂的系统工程。

凭借少量的精英人才很难制造出有较强竞争力的汽车产品，对中国汽车制造业的转型升级也很难发挥较大作用。从汽车制造业整体发展的角度看，培养一批优秀的复合型人才，是我国汽车制造业走向成熟的关键所在。与此同时，我国要加大对配套设施的投资力度，为汽车的研发生产提供强有力的支撑，使海内外人才的价值得到充分发挥。

对国内汽车企业而言，现阶段以较高的成本从海外引进高端人才确实很有必要，但不能仅依靠这些人才，如果仅用简单的薪资手段引进人才，这些人才很容易被竞争对手以更优厚的条件挖走，长此以往，必然导致外籍人才成本大幅度增长，对整个国内汽车产业的长期发展非常不利。企业需要用全新的理念，营造优良的工作氛围，要用富有责任感、荣誉感的企业文化，公平、公正、共赢的竞争理念，吸引并留住优秀人才。

事实上，对于高端人才而言，优厚的薪资待遇只不过是其选择企业的部分因素，虽然部分企业给予的薪水可能更高、福利更多，但对其整体生活质量的影响相对较低，他们更为关心的是荣誉、地位、社会认同感等。这需要国内汽车企业坚持走自主研发之路，为优秀人才提供广阔的舞台，使其才能得到充分发挥，在为企业创造价值的同时，也能实现自我价值与社会价值。

9.4 吉利汽车：基于信息化建设的转型运营实践

9.4.1 运营实践1：信息化提升制造水平

早在十几年前，国产汽车品牌吉利汽车就开始布局智能制造领域，对信息化建设，吉利汽车更是给予了高度重视，公司管理层制定了“企业管理数字化，数字管理自动化”的发展战略。从开始实施该战略至今，吉利汽车累计投入超过9亿元，不断推进企业信息化和工业化的两化融合，为加快集团信息化建设进程提供了强大推力。

吉利汽车的全球化战略取得了良好效果，其在2010年以15亿美元的代价成功收购美国福特旗下的沃尔沃汽车公司，在这之后又相继收购了DSI变速器公司、出租车公司锰铜、宝腾汽车以及路特斯等，通过不断投资并购快速向全球市场进军。考虑到国际市场的复杂性，吉利汽车的信息化建设必然会遇到一系列新的挑战。

近几年，低端汽车市场竞争异常激烈，利润率已经被压缩到了极低的水平，很多汽车品牌更是推出了首付几千元甚至零首付买车的营销策略来抢夺低端市场，这种情况下，继续采用价格战策略很容易让汽车企业陷入发展困境。而吉利则是通过推进信息化建设不断提升制造水平，从而建立了强大的市场竞争力。

在产品设计方面，吉利实施平台化产品研发策略，并进行严格的过程控制与质量管理，而对拥有诸多零部件的汽车产品而言，要想做到这些，必须持续推进信息化建设。

随着吉利汽车的快速发展，汽车产品的数量、品类都得到了大幅度提升，为了满足客户的个性化需求，小批量甚至单件生产订单量也快速增长，显然，继续沿用传统的定容定量定制而成的看板，已经无法匹配以混线生产为主的生产线的多元需求。为了解决这一问题，吉利开发了一套 MES 制造执行系统。

大部分国内汽车公司的产能设计和销量比约为 1.5:1，这代表着有 50% 的产能并不能创造价值。而如何使产能和销量更趋平衡，在避免浪费的同时，又能充分满足客户需求，就成为国内汽车公司需要重点解决的问题，从国际汽车巨头的诸多实践案例来看，较为可行的方案是通过零库存、不落地物流等方式实现及时精准供货。

汽车公司和整车厂无缝对接，实时获取后者的库存量及销量数据，从而根据动态变化的生产需求灵活制订生产计划，加强双方的协同配合，控制库存，降低经营风险。

车间生产跟踪系统，可以让汽车公司各部门的相关人员实时获取各个零部件的位置及完成进度等信息，对企业的生产状况有深入了解。与此同时，通过对产品进行电子标签信息管理，可以有效提升产品流通效率，并为实现汽车产品及零部件的全程追溯奠定坚实基础。

吉利将业务系统、生产自动化系统以及 MES 制造执行系统深入融合，对包括生产计划制订、排产、生产、物流及供应等诸多环节在内的业务流程进行精细化管理，提高了生产制造的灵活性与精准性，推动了企业经营业绩的进一步增长。

9.4.2 运营实践 2：实现跨平台数据分析

市场销售与经营状况是吉利汽车制订生产计划时重点考虑的两大因素。吉利汽车通过建立 SAP BI 系统，来对市场营销、产品销售及售后服务等进行全方位分析，并通过不断积累经验，建立了集团级业务数据分析系统。吉利汽车从 Excel 表格、ERP 系统、VMS 系统及 G-DMS 系统等渠道中获取多源数据信息，在降低工作人员工作负担的同时，也使数据处理能力获得了大幅度提升，例如，吉利集团分析报表的查询速度平均为 12 秒，而此前这一数字为 3 分钟。

通过强调数据管理意识以及风险意识，吉利集团的管理效率得到明显提升，在遇到突发状况时，能够及时地制定并执行应对策略。而跨平台、跨部门及跨业务的分析系统，使吉利管理层制定更为科学合理的战略决策，在企业内部打造出了决策分析辅助平台，让管理层对企业的日常经营状况有更为全面、深入的认识。

吉利集团当前采用的立体经营分析框架，是由一个维度体系与包含上百个分析指标的体系构建而成，能够全面覆盖企业经营管理的各个环节，同时，利用维度转换及信息的深入发掘，帮助企业及时发现运营中的问题，并快速制定解决方案。

在吉利集团内部，还建立了统一的数据仓库，可以对海量的数据资源进行存储并管理，并为管理层的决策提供数据支持，与此同时，还通过全方位地展现设计、采购、生产、营销、销售、售后、市场竞品分析及产品市场表现等方面的信息，让管理层能够从企业整体运营角度上优化战略规划。在长期的发展与实践中，吉利集团建立了一套完善的数据信息规范体系，为实现全面信息化提供了强有力的支撑。

9.4.3 运营实践 3：两化融合孕育新产品

经过上百年的探索创新，汽车制造已经从最初的机械结构升级为当前的复杂机电综合体，电子元件和系统在汽车零部件及车身网络中扮演的角色更加关键，信息化技术在汽车产品中也得到了广泛应用。

如果我们将此前的器械结构阶段称为 1.0 时代，当前的复杂机电综合体阶段称为2.0时代，那么汽车未来还将走上智能化的3.0时代，智能驾驶汽车将引发一场汽车领域的颠覆性变革，让人们获得全新的驾车体验，汽车制造业将从人适应汽车转变为汽车适应人。

汽车智能化和信息化是当前汽车市场发展的主流趋势，为了把握时代机遇，吉利集团提出了“科技吉利”的战略转型，确立科技化及智能化产品开发的目标，并推出智能化电子技术产品平台建设项目，用以研发前沿智能电子技术，积极和科研机构、具有强大实力的专业供应商合作，加强和业内人士的交流沟通，助力企业研发出更多的高端汽车产品。

吉利集团目前已经在智能手机远程监控、车内智能操控、BMCS防爆胎、360度车载摄像、G-NetLink远程信息系统等方面取得了明显领先优势，从汽车信息化、智能化及辅助驾驶等维度进一步拓展汽车性能，提高产品销量，并使其具备更强的溢价能力，为吉利集团的长期稳定发展奠定了坚实基础。

早在2010年，吉利就和通信巨头联通等公司合作，共同打造车联网车载终端G-NetLink以及与之匹配的导航、安防、娱乐等诸多服务功能，在旗下的帝豪系部分车型中已经得到应用。近几年，吉利又加大了自身在车联网安防为主的远程服务功能领域的投资力度，对G-NetLink的功能进行优化完善，使其升级成为集娱乐终端、信息处理中心及呼叫服务中心等为一体的车联网系统。

2016年2月，国际知名无线设备供应商爱立信和吉利达成战略合作，双方共同研发“业界领先的、互联的汽车平台”，争取为实现车联网服务的标准化以及在全球范围内的推广提供强大推力。在智能制造掀起的产业革命中，国内汽车企业需要积极拥抱变化，紧随信息化、智能化浪潮，不断加大投资力度，构筑起较高的竞争门槛，最终打破海外汽车巨头对我国的技术封锁，使我国汽车产业迈向新的高度。

第 10 章
单车制造：共享经济下的单车制造模式

10.1 最后一公里：站在风口上的共享单车制造

10.1.1 共享单车激活制造企业生产效能

作为“互联网 +”在交通领域落地的一大典型代表，共享单车受到了企业界的广泛关注，它在极大方便人们短距离出行的同时，也为传统自行车制造企业的转型升级提供了新的思路。但我们在为共享单车的广阔发展前景而感到兴奋的同时，也应该认识到其存在的行业标准缺失、管理体系不完善、盈利困境等方面的诸多问题。

政府部门应该积极出台扶持政策，让更多的创业者及企业抓住共享单车所带来的重大发展机遇，整合诸多的线上线下优质资源，实现互联网平台、自行车制造企业以及广大民众之间的多方共赢。

在自行车民族品牌飞鸽的现代化生产车间中，一辆辆共享单车经过智能化、自动化的流水线被快速加工、组装，并被配送人员送到客户手中。据统计数据显示，短短两年多时间里，我国共享单车品牌数量达到了30个，截至2017年7月，国内共享单车投放总量达到了1600万辆，全行业日均订单5000万单，为正陷入转型迷茫期的传统自行车制造企业带来了新的机遇。

天津地区作为我国最大的自行车生产制造基地，在共享单车的推广普及中发挥了十分关键的角色，飞鸽、爱玛、富士达等知名自行车品牌也借此获得了相当可观的利润回报。

此前，自行车制造是一个淡旺季非常鲜明的行业，而共享单车崛起后，尤其是ofo小黄车、摩拜单车等行业领先者为了快速抢占市场，纷纷投入海量资源跑马圈地，自行车订单在短时间内集中爆发，各个自行车制造工厂几乎每天都在加班生产。

为了满足共享单车的庞大需求，很多传统自行车企业也纷纷对自己的生产线进行优化改造，引入更为先进的生产设备及工艺，在扩大产能的同时，也能够保障产品质量，有效降低生产成本。虽然部分城市对共享单车的投放总量做出了一定的限制，但共享单车用户规模仍有较大的增长空间，当前国内共享单车用户总量为1.06亿人，仅占我国网民总量的14.11%。

从共享单车本身的特性来看，由于这类产品重视标准化、规范化，更加适合大规模批量生产。不过，面对短时间内集中爆发的共享单车订单，自行车制造企业必须对自身的生产管理体系进行优化完善，这样才能源源不断地为客户提供优质自行车产品。

共享单车制造企业当前最为关键的任务是要对管理运营方式进行转型升级，通过大力发展智能制造提升效能，在共享单车快速崛起的风口中充分发挥自身的潜能，这不但可以充分满足客户需求，也能获取更高的利润回报。

10.1.2 共享单车制造业面临的三大挑战

在第七届中国智慧城市博览会上，国家信息中心分享经济研究中心公布的《共享单车行业就业研究报告》显示：2017 年上半年，共享单车融资项目多达 22 个，在分享经济细分业态融资数量排行榜中高居榜首，累计融资额为 104.33 亿元。

共享单车企业不仅快速拓展了国内市场，还积极进军海外市场。以 ofo 小黄车为例，目前，ofo 小黄车为 9 个国家、超过 170 个城市提供出行服务，日均订单量超过 2500 万单。而共享单车的崛起自然也为自行车制造业带来了广大的发展机遇，部分陷入发展困境的自行车制造企业也借此重获新生，但我们也需要认识到共享单车制造业当前存在以下几个方面的问题。

◆需求将迎“天花板”，传统市场受冲击

在共享单车浪潮下，传统自行车产品尤其是城市轻便自行车会受到严重冲击。而考虑到共享单车本身具有的共享性特征，未来共享单车订单量增速将会逐渐趋缓，随着越来越多的创业者及企业进入共享单车领域，各个城市中的共享单车将会渐趋饱和。

共享单车企业提供的出行服务愈发完善，会有越来越多的传统自行车用户放弃购买自行车，而使用共享单车。再加上国内共享单车企业不断进军海外市场，很可能会吸引海外自行车制造企业加入，从而使国内自行车制造企业遭遇更多强大的竞争对手。

◆部分企业陷困境，引发行业再“洗牌”

未来，共享单车需求量下滑，会给产能过剩的自行车行业带来巨大挑战，而且很多中小自行车企业自身并没有研发能力，很难赢得共享单车企业的认可，生存状况更是堪忧。

在共享单车订单需求量短时间内集中爆发的当下，很多大型自行车制造企业由于产能不足，可能会选择将部分订单交由中小自行车制造企业加工生产，在这种情况下，后者确实可以勉强维持生存，但长期来看，共享单车需求量下滑是必然的结果，届时，中小共享单车制造企业将很难生存下来，行业将会迎来新一轮洗牌期。

◆行业标准缺失，政府监管空白

由于使用频率较高、用户素质有待提升等因素，共享单车尤其强调耐用性，防盗、便于维护等，而很多自行车制造企业的现有生产标准很难满足这些需求。共享单车普遍采用的智能锁、实心轮胎等部件尚未形成统一的行业标准，监管部门很难对其进行有效监管。对于共享单车这种新兴业态，监管部门也很难在短时间内制定出完善的法律法规体系。

解决了"最后一公里"出行问题的共享单车，未来将会继续在我们的生活中扮演十分关键的角色，但在行业标准不完善与监管空白的当下，共享单车服务体验较差的问题也越发突出，如果不能找到有效的解决方案，将会给我国共享单车行业的发展带来一系列阻碍。

10.1.3 共享单车制造业健康发展的对策

发展共享单车，对降低环境污染、缓解交通压力、提高出行效率等方面具有十分积极的影响。确保共享单车制造业的健康稳定发展，对共享单车行业无疑具有十分重要的价值。为此，政府及企业必须做好以下几个方面的工作。

第一，完善共享单车企业备案制度，提高服务监督管理水平。目前，很多城市政府相关部门对共享单车的投放数量、运营状况缺乏足够的认识，在产品质量监管、企业运营资质审核等方面也存在较大的管理空白。共享单车一旦发生安全事故，很容易造成较为严重的负面影响。

第二，完善共享单车产品行业标准，规范产品生产。例如，上海市自行车行业协会与天津市自行车电动车行业协会进行合作，共同推进制定共享单车产品标准。经过半年的努力后，《共享自行车团体标准》于2017年7月正式公布。该项标准共包含三项内容，分别为《共享自行车第一部分：自行车》《共享自行车第二部分：电助力自行车》《共享自行车服务规范》，并在2017年10月1日起正式实施。

第三，积极编制自行车交通转型规划、明确路权、科学执法，并划分出合理的停放地点。在共享单车投放方面，政府有关部门应该给予高度重视，并对其停放点、投放总量、投放流程及标准进行明确，让广大民众在享受共享单车所带来的便利的同时，也有助于解决共享单车盲目投放、乱停乱放等诸多方面的问题。

第四，政府和企业应该对共享单车的使用规范进行大力宣传，引导广大民众文明出行。对共享单车使用过程中出现的违规、违法行为，政府部门及企业应该给予相应的惩罚，如罚款或者扣除个人信用点数等，与此同时，还要鼓励民众监督举报身边的不文明骑行行为。

第五，共享单车运营企业应该设立押金专用账户来保管用户押金，并自觉接受第三方的监督，配合政府有关部门的审查等，确保广大用户的资金安全。

10.2 共享单车运营管理中存在的问题与对策

10.2.1 共享单车对交通出行产生的意义

共享单车作为一种迎合绿色环保出行的新型共享经济模式，受到了社会各界的广泛关注。在资本的支持下，ofo、摩拜等共享单车初创企业获得快速发展，这些企业在国内各大城市投入的车辆数量保持快速增长，从而带来了违规停放、单车私用等诸多问题，对共享单车企业的运营管理水平及城市管理带来了新的考验。

互联网尤其是移动互联网的应用普及，给创业者及企业的创新奠定了坚实的基础。在出行领域，以滴滴、Uber为代表的打车应用爆发出了强大的能量，并通过收购兼并的方式完成了对市场的垄断，不过在满足民众“最后一公里”出行服务需求方面，打车应用能够发挥的作用相对有限，而共享单车的出现则为满足“最后一公里”的出行需求提供了有效的解决思路。

为了缓解城市交通压力，降低交通污染，部分地区推出了公共租赁自行车，但这种自行车需要办理租赁卡，并到指定地点借车、还车，而民众使用共享单车时只需要扫描二维码即可，并且采用无桩借还模式，给用户带来了良好的出行体验。

作为一个新生事物，学术界并未对共享单车给出明确的概念，由于它符合绿色环保出行及理念，政府部门对其持有较为宽容的态度，目前很多城市还专门在公交站点、小区门口等地划出了一定的区域，方便用户借还单车。

从本质上来看，共享单车是一种基于共享经济理念衍生而来的商业模式，它利用线上的应用软件将自行车与人实现无缝对接，根据用户地理位置为其提供自行车租赁服务，和其他共享经济模式一样，用户都是获得了物品的使用权，而不是所有权。

随着工业化进程不断加快，20 世纪七八十年代风靡一时的自行车开始被汽车取代，但如今随着城市交通拥堵问题愈发严重，自行车开始成为短距离出行场景中的主流。

Uber、滴滴等在线出行平台的崛起，对人们的出行产生了深远影响，而在这些平台的影响下，创业者通过运用 GPS 定位、智能锁、二维码扫描等技术，为广大民众提供方便快捷、低成本的自行车租赁服务，在满足人们短距离出行需求的同时，也对改善城市交通拥堵、降低环境污染等方面带来了新的思路。

ofo、摩拜等共享单车企业获得了资本方的支持，它们在各大城市的学校、写字楼、产业园、公交站、地铁站等区域投放自行车，使用共享单车的用户需要下载其 App 并支付一定的押金。从公布的数据来看，截至 2017 年 5 月，摩拜单车累计融资达到了 60 亿元，ofo 累计融资更是高达 75 亿元。预计到 2017 年年底，全国共享单车投放规模将达到 3000 万辆。

但随着越来越多的创业者加入共享单车领域，呈爆发式增长的单车给城市管理带来了诸多方面的问题，如乱停乱放、骑行安全等，为了解决这些问题，一方面共享单车平台要加强自身的管理及运营水平；另一方面监管部门应该及时出台相关的政策对共享单车行业进行引导及规范。

10.2.2 共享单车运营管理中存在的问题

在享受到共享单车所带来的优质短距离出行服务的同时，共享单车企业为了抢占市场份额而大量投放共享单车的行业，给城市管理带来了一系列问题。如何在充分发挥共享单车经济效益与社会效益的同时，对其发展进行有效规范，是摆在共享单车企业与政府监管部门面前的重大课题。具体来看，共享单车运营及管理方面的问题主要集中体现在以下三个方面。

第一，快速增长的共享单车，占用了大量的公共道路空间及资源。共享单车的应用场景主要是短距离出行，其采用的无桩借还模式在方便用户的同时，也带来了乱停乱放问题。虽然共享单车企业强调用户应该将单车停放在规定区域内，但由于缺乏有效监管，再加上用于标注停放区域的白线不久后会逐渐消失，从而出现了共享单车占用公交站台、人行道甚至是机动车道等问题。

第二，共享单车企业对用户缺乏有效的规范。从表面上看，共享单车企业都有一套完善的用车标准及规范，如规定用户不能乱停乱放、未成年人无法注册等。但由于共享单车平台运营及管理水平有限，这些标准及规范未能得到落实。

逆行、闯红灯、违规停放、和行人抢道、未成年使用共享单车等现象十分普遍，甚至有些用户将共享单车占为己用、对共享单车进行恶意破坏等。除了运营及管理水平等因素外，共享单车企业为了扩大用户规模而疏于监管也是造成用车乱象的重要因素。

第三，监管部门未能及时给出有效的监管政策。共享单车本身作为一种新兴事物，其发展势头十分迅猛，企业之间的竞争相当惨烈，在资本的助力下，单车数量快速增长，而监管部门未能及时出台相关政策，从而使部分城市的交通拥堵及交通安全问题越发严重，给行人及机动车辆的通行带来了负面影响。

当前，仅有少数城市出台了监管政策，而且监管政策在落地过程中还引发了一些争议，例如，由于无序停车，南昌城管暂扣 2.6 万多辆共享单车，在社交媒体中引发了广泛讨论。部分网民认为，共享单车作为一种新生事物，虽然在发展过程中存在很多问题，但监管时应该注重方法策略，不能简单地“一禁了之”。

整体来看，共享单车符合绿色出行、环保出行的理念，能够有效满足人们的短距离出行需求，但它也需要企业及监管部门的有效规范，从而确保整个行业的持续稳定发展。

10.2.3 共享单车运营管理的对策与建议

共享单车是对现有交通运输体系的有益补充，要使共享单车的作用得到充分发挥，需要建立完善的共享单车使用规范及制度，实现规范骑行、文明骑行。为此，共享单车企业与监管部门需要做出相应的改变。

第一，共享单车企业方面。共享单车企业需要主动承担社会责任，有效规范单车的使用。在政府对共享单车管理的过程中，共享单车企业应该积极配合，为监管部门提供运营数据、技术等方面的支持。在日常运营及管理过程中，共享单车企业还需要按照各地的相关规定，及时向有关部门报备骑行路线数据、单车停放区域、单车投放数量等信息。

与此同时，共享单车企业要对用户用车进行有效引导及规范，不能为了提高市场份额而疏于管理，通过 App 应用向用户推送用车注意事项、普及交通规则等。此外，共享单车企业需要充分确保用户利益，保护用户隐私数据安全，用户押金存放及退还应遵守有关规定，切实保障用户的财产安全。

第二，共享单车监管部门方面。监管部门应该对共享单车有一个清晰的定位，将其纳入交通运输体系中来，并对交通运输系统中的行人、单车、机动车的路权进行明确，为其划定专属区域。监管部门要科学合理地划分城市道路公共资源，引导单车有序、安全停放，并开展交通安全知识宣传活动。

政府部门需要对共享单车企业进行监管，针对城市居民的短距离出行需求规定单车投放数量，避免单车盲目扩张。对于那些恶意破坏单车、盗取单车牟利的行为，政府部门也要采取有效措施给予严惩。政府部门需明确共享单车企业和用户的权利与责任，推动共享单车产业的健康稳定发展。

我国需加快建立共享单车用户信用体系，将政府公民个人征信系统与共享单车企业的平台信用体系融合，让广大民众参与到对共享单车用户用车规范的监管中来；设立共享单车行业准入标准，引导共享单车企业成立行业联盟，企业之间开展公平竞争，而不是像很多新兴产业一样陷入同质化竞争与价格战泛滥的泥潭，根据企业的实际运营能力及管理水平，为其分配单车投放数量指标。

我们身处于新生事物层出不穷的移动互联网时代，对共享单车这种新生事物，应该持有开放与包容的态度。在很多城市，共享单车的应用已经向我们证明了其缓解交通压力、降低交通污染、改善居民出行体验等方面的巨大价值。

当然，我们也不能忽视共享单车发展过程中出现的问题。在我国城市道路资源相对有限、空间规划缺乏科学性的背景下，企业大量投放共享单车很容易给相当脆弱的交通运输网络带来压力。对共享单车是否需要上车牌、如何规范企业使用押金等诸多问题，政府部门也亟须给出有效的解决方案。

Part 4

物流篇：

制造业与物流业深度融合

第 11 章
“两业联动”视角下的我国物流发展战略

11.1 “两业联动”：制造业与物流业联动发展模式

11.1.1 浅析物流业与制造业之间的关系

制造业属于第二产业，是我国的主导产业；物流业属于第三产业，是服务产业的一种，二者的发展对我国工业化水平的提升及经济的发展有非常重要的影响。制造业与物流业虽分属不同的行业，但二者密切相关，主要表现为二者互为生产要素，相互服务，相互影响，相互制约，共同发展。

近年来，无论是制造业还是物流业都实现了迅猛发展，创造了巨大的经济效益。一方面，物流业的发展让制造业享受到了更优质的生产性服务，实现了更好的发展；另一方面，迅猛发展的制造业从技术与设施两方面为物流业提供了支撑，推动物流业迅速发展。总而言之，对我国的国民经济来说，制造业与物流业能否协调发展意义重大，应备受关注。

◆相关概念界定

（1）物流业概念

在国民经济中，物流业属于第三产业，是基础性产业，是独立的服务产业。物流业主要通过提供服务使产品增值，使产品的时空价值得以实现，使各行各业的需求得以满足，使资源得以优化配置。所以，物流业指的就是这样一种营利性组织：将资源或服务从一地搬运到另一地，让物流资源或服务在空间层面实现流动、存储、消费、增值的经营活动。该经营活动的实现需要运输业、包装业、仓储业、加工配送业的辅助与支持。现如今，物流业早已成为国民经济的重要组成部分，是生产性服务业的大动脉。

（2）制造业含义

制造业是第二产业，通过原材料加工或零部件装配生产出各类产品，满足人们日常生活和生产需求。在我国的国民经济中，制造业属于主导产业，对经济发展起着非常重要的推动作用，是非常重要的经济支柱。

◆物流业与制造业的关系

（1）物流业是制造业的引擎

制造业从出现到发展始终都与物流业相关，因此可以说物流业是制造业一大生产要素，对制造业实现持续生产和链接生产起着至关重要的作用。

首先，在制造业领域，物流业的主要功能是采购原材料与零部件，运输、出售产品成品，正是这些功能为制造业的发展提供了保障。借助物流业提供的优质服务，制造业能缩短产品周转时间及停留时间，让各个生产环节实现有效衔接，减少库存，加速资金流动，集中时间与资金发展核心业务，从而提高自身的竞争力。

其次，通过产品流通，物流业还能帮助制造企业拓展自己的销售渠道，加快产品流通，让产品更快转化为利润，为制造业带来更多收益。

再次，凭借物流业提供的优质服务，制造企业能有效提升自己的形象。因为借助物流企业提供的优质服务与先进的技术设施，制造企业能简化自己的物流程序，让客户实时了解商品信息，让订单尽快生成，让货物交付时间有效缩短，提高工作效率和客户满意度，从而树立良好的企业形象。

最后，物流业能推动制造业的技术结构实现优化升级。物流业与制造业关系密切，产品研发设计—原材料、零部件采购—产品生产—产品销售—客户反馈等环节都有物流业的存在，凭借物流企业提供优质的物流服务，这些环节的转换时间、产品生产周期可有效被缩短，产品能实现持续生产，制造业成本能大幅下降，企业利润能显著增加，制造业的技术结构能实现优化升级，制造业的整体竞争力能有效提高。

（2）制造业为物流业提供支撑

虽然物流业在推动制造业发展方面做出了巨大贡献，但制造业同样对物流业的发展起到了巨大的推动作用。一般情况下，物流业与制造业的发展是同步的，制造业创造了物流业的行业价值，物流业为满足制造业的需求而存在。在物流业的业务量中，制造业物流的业务量占比很大，所以，我们说制造业是物流业存在的基础，制造业是物流业发展的动力。离开制造业，物流业的发展速度不会如此之快，市场规模也不会如此之大。

除此以外，物流业的发展也需紧跟时代发展步伐，在经济快速发展的当下，物流业的技术水平、装备必须与经济发展速度相对应，以更好地满足企业需求。物流业这些先进的装备与技术全部来自制造业，因此我们说制造业的迅猛发展为物流业的发展提供了助力与支持，为物流业的利润回流和现代化的实现提供了保障。

（3）物流业与制造业联动发展

既然物流业与制造业密切相连，相互促进，共同发展，不妨让二者实现联动发展，让它们相互协调，共同发展，共同为国民经济的发展提供助力。对物流业来说，物流业与制造业联动为其带来了很好的机会，让物流业可以顺利地从传统物流转向现代物流、变革物流的服务方式，推动物流产业转型升级，使物流产业实现规模化和集约化发展，帮助物流企业降低了经营成本。

同样，对制造业来说，物流业与制造业的联动能让制造业将物流外包出去，降低了运营风险，让其可以集中人力和物力发展核心业务，使企业的生产效率大幅提高，生产成本显著下降，从而使制造业的内部结构实现了优化升级，使制造业的核心竞争力有效提高。

总而言之，物流业与制造业的联动发展能使二者都受益，能帮助物流业提高自己的服务水平与质量，能帮助制造业塑造核心竞争力，提高市场敏感度，推动我国国民经济实现持续、稳定的发展。

11.1.2 “两业联动”发展的重要意义与成效

制造业与物流业联动（以下简称“两业联动”）是制造业发展的大势所趋。两业联动的实现不仅能推动产业结构优化升级，还能提高经济运行质量与效益，意义重大。那么，“两业联动”要如何实现呢？下面从3个方面对该问题进行探究。

◆充分认识实现“两业联动”的重要意义

自2012年以来，调整经济结构和转变经济发展方式都是经济工作的主要内容，优化产品结构则是重中之重。这些经济发展策略都是在我国制造业大而不强、经济发展方式粗放、服务业占比低和服务水平不高等情况下做出的战略选择。如何一边解决这些问题，一边推动宏观经济持续增长，是我国制造业现在乃至未来很长一段时间的重要工作。

根据发达国家的发展经验，在工业化中后期，要想让经济保持稳定增长，让制造业实现转型发展，让产品结构实现优化调整，国家就必须大力发展服务业，推动生产型服务业与制造业融合发展。而制造业的发展与物流密不可分，据统计，从原料采购到产品产出，仓储、包装、运输、配送等物流环节耗时超过 90%。也就是说，制造业效率的高低、成本的大小深受物流时间与速度的影响。

另外，在整个服务业增加值中，物流业增加值占比为 16%。可见，对服务业来说，物流业的发展速度与质量非常重要。所以，深化推进“两业联动”不仅能促使制造业实现转型升级，还能让服务业实现快速发展，对调整经济结构、转变经济发展方式、推动经济升级来说意义重大。

2013 年，全国发展与改革工作会议在京召开，此次会议明确提出要推动服务业与制造业融合，其中的重要内容就是推动制造业与物流业联动发展。

◆“两业联动”发展已经取得显著成效

“联动发展”理念产生于第一届制造业与物流业联动发展大会，此次会议召开于 2007 年，历经十年的探索与实践，“两业联动”领域已出现诸多经典案例，无论是行业专家还是企业都对“两业联动”有了全新的认识。企业认为“两业联动”的推进发展有效降低了制造成本，提高了制造效率和物流企业一体化的服务能力，同时还提高了顾客的满意度。另外，在联动模式创新与联动领域延伸方面，企业取得了巨大成果，如让物流与金融资本融合，让联动领域朝供应链管理与服务方向发展等。

近年来，“两业联动”取得了显著成果，受发改委之托，北京交通大学某团队跟踪研究这些成果，研究发现以下几点。

（1）订单平均完成周期显著下降。在推行“两业联动”之前，制造企业订单完成的平均周期为 11.8 天；推行“两业联动”之后，这个周期降到了 6.2 天，下降幅度达 47.5%。其中，轻工业企业的订单完成平均周期从 40 天降到了 24.5 天，电子行业订单完成的平均周期降到了 1.5 天。

（2）货物平均周转时间有效缩短。在推行“两业联动”之前，货物平均周转时间为 26.6 天；推行“两业联动”之后，货物平均周转时间降到了 16.2 天，其中装备制造业货物平均周转时间降幅更大，下降了 49.6%，货物周转率、物流运作效率大幅提高。

（3）平均存货周期显著下降，运营成本显著降低。在推行“两业联动”之前，制造业平均存货周期为 14.8 天；推行“两业联动”之后，平均存货周期降到了 12.3 天，下降了 6.8%，积压库存、占用资金的现象显著减少，使运营成本大幅下降。

（4）物流服务质量显著提高。推行“两业联动”之后，制造企业的订单完成率从 89.4% 提高到了 99.1%，准时交货率从 89.1% 提高到了 97.7%，货物破损率从 1.12% 降到了 0.33%，物流服务质量明显提高。

另外，在调查的所有企业中，这些企业物流成本的下降比率都超过了 10%。

通过分析这些数据可以发现，“两业联动”成效显著。随着物流效率与效益不断提高，宏观产业结构与布局不断被调整，物流成本不断下降，这是“两业联动”为提高社会经济运行质量所做的巨大贡献。

11.1.3 深化推进“两业联动”发展的主要对策

“两业联动”是推动物流业发展，使物流业基础性支撑作用充分发挥的有效途径，这一点早已得到了证实，“两业联动”的理念也得到了制造企业与物流企业的认可。接下来，我国要继续深化推进“两业联动”，创新思路丰富联动内涵，创新联动模式，提高联动质量，营造良好的外部环境，提高供应链管理服务水平。在这方面，政府部门要做好以下工作。

（1）加强引导示范。政府部门要继续构建企业对接平台，推行试点示范工程，将经典案例的引领示范作用充分发挥出来，进一步挖掘其潜力与动力，引导企业实现联动合作。

（2）构建统一开放、有序竞争的市场体系。政府部门打破市场壁垒，去除地方保护主义，让企业平等地使用各类资源，让物流业完成信用评价体系的构建，形成优胜劣汰的市场竞争机制，让服务能力强、信用好的企业率先实现联动发展，做出有益示范。

（3）打破政策约束。“营改增”的推行虽然增加了部分物流企业的负担，但也推动业务外包与服务细分，实现了更好的发展。现如今，在政策方面，“两业联动”还面临着分离外包资产剥离后税负增加，分离出来的企业的“高科技企业”的身份不被承认，增加企业所得税负担等问题。将来，随着一系列推进、支持生产性服务业发展的政策出台，这些问题都能逐一得到解决。

（4）推动供应链管理与服务发展。供应链管理是物流业未来的发展方向，面对这种发展趋势，各级政府部门要适应其发展需求，对“两业联动”的内容进行深化，使联动质量与效果均大幅提高与增强。为此，各级政府部门要采取相关措施，让制造企业加强供应链管理，引导物流企业学习、使用供应链管理理念与方法，让制造业享受一体化的物流服务。

（5）进一步协调物流业发展。政府部门在推动物流业发展方面出现了一个新问题，就是如何在发挥市场配置资源作用的同时将政府的引导作用发挥出来。要解决这个问题，各部门必须做好协调工作，统一思想，达成共识。

未来，我国物流业将朝着“深化改革”的方向大步前进。为此，制造业与物流业的从业者要解放思维、大胆创新，深化推进制造业与物流业联动发展，为我国整体经济的发展提供助力与支持。

11.2 我国物流运输行业的智能制造发展实践研究

11.2.1 我国物流装备制造发展的总体状况

我国物流装备产业发展状况可大致归结为 3 点：需求巨大，行业发展迅猛；同质化竞争严重；标准、规范缺位，影响了整个行业的良性可持续发展。

作为国内最早以报道物流系统技术与应用为主要内容的刊物之一，《物流技术与应用》杂志曾以服装服饰、零售、电商、医药等行业的企业为对象进行了一次市场调研，结果充分显示了我国物流技术装备市场的巨大需求空间。

在回答“企业将如何提高物流设施的能力”这一问题时，超过一半的企业选择了“建设新的物流设施”（28.3%）或“对现有设施进行优化改造”（22.5%），16.7% 的被调研者选择“添置新的物流设备”，24.2% 的企业选择“采用物流软件提高信息化水平”。

《物流技术与应用》杂志每年都会对国内物流装备产业发展状况做年度分析，根据其统计结果，我国每年新建的自动化立体仓库超过 200 座，同时还呈现仓库单体规模越来越大、系统更加复杂、设备数量不断增多、应用领域越来越广等特点。

除了需求旺盛推动行业快速发展，国内物流装备领域也面临越来越严重的同质化竞争问题。物流装备市场的爆发吸引了越来越多的参与者，但很多企业成立时间不长、缺乏明确定位，为“活下去”只能追随模仿市场中的同类热销产品，造成同质化竞争越发严峻；同时这些企业由于生产经营规模较小，无法获取规模效益，因此也常常难以构建自身的核心竞争优势。

总体来看，我国物流装备产业尚未进入成熟理性的发展轨道，价格战、同质化竞争、严苛的付款条件、较低的利润水平等诸多不利因素严重影响了企业的发展，使企业无法投入更多的资源精力进行产品研发、人才培养、提高经营管理水平等工作。此外，配套行业的不均衡发展以及行业标准、规范的缺位，也在很大程度上制约了物流设备性能优化和行业整体发展水平的提高。

近几年，国内制造业正处于转型时期，很多企业在智能制造领域展开布局。智慧物流是企业发展的目标之一，物流装备制造的智能化发展则是企业必须要经历的过程。要想在激烈的竞争中脱颖而出，企业就要抓住智能化发展的机遇，积极推动智能仓储设备、运输设备、智能识别系统与分拣系统、机器人作业、工业无人机的发展。

◆智能仓储设备市场

仓储是企业物流的重要组成部分，企业在该环节进行智能化建设，能够有效提高其信息数据的获取速度，并降低数据出错率，从而全面真实地了解企业的库存情况，确保其正常运营。

立足于机械化发展的角度来分析，有足够实力基础的企业可通过仓储设备及仓储管理信息系统建立完善的仓储系统，通过操作托盘、叉车等设备完成商品存储。高工产业研究所（GGII）的数据统计结果显示，到2017年我国仓储领域的机械化普及程度超过35%，仓储管理的信息化普及程度超过一半。

立足于信息化发展的角度来分析，越来越多的企业正积极寻求与互联网的结合发展，并通过智能仓储建设提高整体的信息化水平。在具体发展过程中，越来越多的企业开始应用条形码识别系统、基于LSB的货物追踪技术、智能标签、智能化分拣等先进技术。

2017—2020年，智能仓储市场仍将呈现快速增长趋势，预计到2020年其市场规模将超过950亿元，仓储设备的智能化水平将进一步提高。

◆智能运输设备市场

国内制造业在20世纪90年代呈蓬勃发展态势，相关的物流装备行业也进入迅猛发展阶段。经过一段时间的发展，制造业的规模不断扩大，企业注重引进与应用先进技术，有效促进了智能物流成套装备的智能化发展，提高了企业的现代化与信息化水平。

现阶段下，在很多国内物流企业中，自动化智能运输已代替了之前的机械运输，自动储存已代替了传统叉车储存，物流行业的智能化发展带动了农业机械、汽车运输等行业的需求。数据统计结果显示，我国智能运输的市场规模到2016年已超过500亿元，并呈持续增长态势。

◆智能识别系统及分拣系统市场

机器视觉控制、3D视觉技术、物体识别与检测都是智能识别系统的组成部分。企业利用智能识别系统，能够进行人脸识别、物体追踪、智能化数字测量、物体检索与抓取，并代替传统人工实现自动化作业。智能分拣系统包括控制、分类、运输装置与分拣道口4个部分。

当越来越多的物流企业在智能化领域展开布局时，智能分拣系统与智能识别系统也将得到更大范围的应用，随着技术水平的提高，其潜力也将得到更加充分的挖掘。

◆机器人作业系统市场

作为一种技术水平较高的自动化装备，工业机器人作业系统在制造业的应用范围逐渐拓宽。随着市场需求量的提高，工业机器人产业将呈现快速发展趋势，引发第二次革命浪潮，进一步推动该领域的向成熟化发展。

中国电子学会研究咨询中心的数据显示，2017 年我国工业机器人的销量超过 11 万台，市场规模达 42.2 亿元，预计到 2020 年市场规模将增加到 58.9 亿美元。

◆工业无人机市场

根据中国产业信息网的数据统计结果，在工业级无人机细分应用领域，应用比例最高的为政府部门，该部门的工业无人机采购占比达 45%；消防部门居于第二位，采购占比达 25%；能源勘探部门占 10%；地球勘测部门占 6%；农林渔业占 13%；商业广播及其他占 1%。近年来，为提高自身运营效率及反应能力，越来越多的物流企业开始采用工业无人机进行智能化建设。

根据前瞻产业研究院发布的《2017—2022 年中国工业无人机行业发展前景预测与投资战略规划分析报告》，工业无人机的市场规模将快速增长，国内工业无人机的扩张速度将保持在 50% 左右，预计到 2020 年我国工业无人机的市场规模将达 164.9 亿元，届时，工业无人机在物流行业的应用范围将进一步拓宽。

11.2.2 我国物流装备智能制造的细分领域

◆自动仓储系统

自动仓储系统主要是自动化立体库和相关设备，以及订单履行系统。随着近几年国内市场需求的大幅增长，自动仓储系统的应用范围快速拓展，覆盖到医药、快销品、乳制品、机械制造等众多行业领域。同时，除了大中型自动化立体库数量不断增多，很多企业也紧贴市场需求开始积极布局小型自动化立体库项目。

此外，依托旺盛的市场需求和不断壮大的企业规模，国内一些有实力的物流装备企业开始大力投资布局关键核心设备的研发生产。例如，针对国内高速堆垛机等关键物流设备亟须优化提升的情况，未来料箱式自动化立体库、取代传统堆垛机梭式小车的新型自动化立体库等先进技术设备将拥有巨大的应用市场空间。

虽然我国物流装备行业在核心设备与关键技术方面与发达国家还有一定差距，但随着外资企业、从物流装备企业中分离出来的独立公司等更多力量不断涌入关键核心设备的研发生产，我国的自动仓储系统将呈现越发强劲的发展活力。

◆货架行业

随着我国消费市场的能力不断释放，各行业对货架设备需求不断增多，特别是电商、零售、冷链、医药、高端食品等领域对货架的需求增长很快，为货架行业发展提供了巨大的市场空间。产品方面，大型和超大型仓储货架系统需求增加明显，焊接式仓储货架需求大幅缩减，取而代之的是组合式仓储货架成为高层仓储货架的主流形式。

总体来看，我国货架行业尚未构建成熟合理的发展模式与运营标准，准入门槛低、利润水平不高、价格战仍是很多企业依赖的重要竞争策略，这些问题影响了整个行业的良性可持续发展。此外，货架项目的施工周期较长，对企业的资金运作能力提出更高要求。

◆输送分拣设备

随着汽车、电子、快销品、电商、快递等众多行业对输送分拣系统需求的快速增长，输送分拣设备成为近几年国内发展较快的物流装备细分领域，如垂直升降机的潜在市场需求不断增长。同时，很多供应商也在积极对输送分拣设备进行工艺、性能方面的优化与技术细节上的完善，并不断开发新的产品品种。

市场中提供输送分拣设备的供应商主要包括专业输送分拣设备生产厂商和系统集成商两类。此外，随着输送分拣设备市场规模的不断扩张，相关辅助配套产品市场也获得了快速发展，如辊筒、皮带、驱动电机等领域涌入越来越多的参与布局者。当前，影响输送分拣设备产业良性长远发展的关键因素是尚未建立相关的产品规范和标准。

◆叉车行业

叉车是指装有货叉，具有搬运、装卸功能的机动工业车辆。随着物流业的迅猛发展，国内叉车产业快速崛起，自 2009 年以后我国叉车销售量在全球中的占比一直保持在 30% 左右，巨大的市场需求推动我国成为全球最大的叉车生产国和销售市场。

2011 年我国叉车销售突破 31 万台，创历史新高，此后几年虽然增速趋缓，但叉车市场依然保持强劲发展态势。行业数据显示，2016 年 8

月到11月我国叉车销量连续4个月同比增速突破20%，其中11月的单月销量增速更是达到29.98%；而2016年1月到11月，国内叉车销量规模为33.7万台，同比增长11.52%，远超同期世界叉车市场的销量增速。

在产品方面，作为取代人工操作实现物流机械化的重要手段，中低端内燃叉车仍是国内叉车市场的主流产品。不过随着社会对节能、环保要求的不断提高，电动叉车发展强劲，销量增速明显快于内燃叉车，如2016年1月到10月，国内电动叉车销量11.36万台，同比增长15.76%；内燃叉车销量19.05万台，同比增速只有6.59%。

我国叉车主流产品正快速从以内燃叉车为主转向以电动叉车为主，电动仓储类叉车产品受到越来越多的青睐。此外，随着我国叉车保有量大幅增加，叉车租赁等后市场业务也有了更大的发展想象空间，将成为叉车产业发展的新增长点。

企业方面，我国叉车企业虽然有上百家，但行业集中度很高，排在前两名的叉车制造商分别为安徽合力股份有限公司与杭叉集团股份有限公司，两者在国内叉车市场的占有率超过40%，且在全球叉车市场也表现不俗。美国《MMH》2015年全球20强叉车供应商排行显示，安徽合力股份有限公司以9.7亿美元的销售收入排在全球第八位，杭叉集团股份有限公司则以7.04亿美元的销售规模位列全球第十二位。

当前我国叉车产业发展强劲，但总体来看仍面临诸多问题，如产品低端化、同质化严重，叉车企业盈利水平较低甚至处于亏损状态，叉车企业技术水平提升缓慢、缺乏创新动力，与国外相比电动叉车销量占比依然较低等。

◆单元化产品

单元化产品主要指托盘、料箱这类放置作为单元负荷的货物和制品的装置。一方面，我国物流产业的快速发展为托盘等单元化产品带来了巨大的市场需求空间；另一方面，托盘标准化和托盘共用系统的发展有助于优化物流系统的整体运作效率和成本。因此，单元化产品也是物流装备产业的重要细分领域。

根据相关数据，2013 年我国托盘保有量突破了 8 亿个，且以年均 5% 的速度快速增长。细分产品方面，木质托盘是主流，塑料托盘产品在市场中的占比不断提高，使用废旧塑料回收再开发的材料制作的复合材料托盘凭借更高的性价比在近些年也发展强劲。在周转箱方面，标准化、可折叠、轻型化、耐低温等成为新的设计制造趋势。

整体经济的平稳增长以及现代物流产业的快速发展，为我国物流装备行业带来了巨大的发展想象空间。当前国内物流装备产业的发展特征主要表现为市场需求巨大，应用范围不断拓展，技术和设备加快向自动化、智能化、信息化方向改造升级，市场需求从单纯的物流装备产品逐渐向一体化的设备与技术解决方案转变。

11.2.3 智慧仓储：让物流仓储更加智能化

智慧仓储能实现仓储信息的自动抓取、自动识别、自动预警，并以此实现物流仓储环节的智能化管理，提高货物的出库、入库和移库效率。

传统仓储管理中存在诸多问题，主要是由产生、处理信息方式等所带来的成本、工作效率问题。人工录入数据的方式不仅烦琐，数据量大易出错，而且盘点周期长，货损货差不能及时被发现。同时，检验货物出入库仅限于校对相关单据及查看货物外包装，难达检验目标。此外，由于条码只能记录某一类货物，无法记录某一具体货物的信息，因此在货物出库时无法根据生产日期来保证先进来的货物先出库。而由于信息传递系统效率低，需求预测、库存信息、生产计划等分布于不同供应链组织中的信息无法被集成，当需要有效快速响应用户需求时，很难得到实时信息。

针对目前仓储管理中存在的主要问题，通过实施智慧仓储项目，实现仓储信息的快速生成、自动识别及智能处理，全面提高货物出入库、盘库、移库环节的效率与效果，降低管理成本，提升仓储管理智慧度。

◆定义和任务

智慧仓储是指在仓储管理业务流程再造的基础上，利用 RFID（Radio Frequency Identification，射频识别）、网络通信、信息系统应用等信息化技术及先进的管理方法，实现入库、出库、盘库、移库管理的信息自动抓取、识别、预警及智能管理功能，以降低仓储成本、提高仓储效率和仓储智慧管理能力。

智慧仓储任务包括 3 个。第一，提高货物出入库效率。实现检验非接触式货物出入库，写入问题货物标签信息，检验信息与后台数据库联动。提高货物盘库效率。库管员持移动式阅读器完成非接触式货物盘库作业，缩短盘库周期，降低盘库人工成本，盘库信息与后台数据库联动，自动校验。第二，提高货物移库效率。实现仓储货物在调拨过程中进行全方位实时管理，准确快速定位货物，提高移库工作灵活性；通过对移库货物的分析，找出最佳货物存放位置。第三，实现仓储管理智能化。各类仓储单据、报表快速生成；问题货物实时预警；特定条件下货物自动提示；通过信息联网与智能管理，形成统一的信息数据库，为供应链整体运作提供可靠依据。

◆智慧仓储的结构规划

智慧仓储具有自动抓取、自动识别、自动预警、智能管理仓储信息等多项功能。其中，自动抓取仓储信息功能是指对贴有电子标签的货物、库位、库架信息自动抓取，包括货物属性、库位及库架分类等，无须通过人工一一辨认。自动识别仓储信息功能是通过与后台服务器的联结，在自动抓取信息基础上，实现信息自动识别，快速验证出入库货物信息、库内货物正确堆放信息等。自动预警功能是通过设定信息系统程序，对问题货物自动预警，提前应对。智能管理仓储信息功能是自动生成各类单据，为供应链决策提供实时信息。

智慧仓储项目的工作单元包括软件单元、硬件单元、网络单元和管理单元四大部分。其中，智慧仓储的软件单元为智慧仓储管理信息系统，主要包括基本信息管理模块、货物出入库管理模块、货物盘库管理模块、标签、阅读器管理模块、货物预警模块与智慧仓储管理模块等七大模块。硬件单元包括 RFID 电子标签、读写器、阅读器、RFID 电子标签打印机、服务器、终端、仓库基础设施等。网络单元由计算机有线网络及无线网络组成，其中无线网络主要指 Wi-Fi 及 GPRS（General Packet Radio Service，通用分组无线服务技术）两类。管理单元是指一套基于智慧仓储的管理业务流程与规范，主要包括出入库、盘库、移库作业流程及相应的规范要求。

◆智慧仓储贴签和读写器安装

智慧仓储贴签地点主要有三处，一是每一个库位、库架；二是库存货物；三是库管设备。在库位、库架及库存货物上贴签，不仅能有效传递信息，更重要的是，能互相验证信息，确保货物的正确摆放。

在库位、货架上贴放 RFID 标签：给每一个库位、货架贴放 RFID 电子标签，标签尽量统一被安装在库位、货架正下方的支撑横梁上。在库存货物上贴放 RFID 标签：库存品的标签贴放体现在托盘、箱体及大件单品上，其中托盘贴签为主导。企业可定制一批托盘，制作托盘时，在每个托盘内安装一组 RFID 电子标签（为保证被准确读取信息，一般放置两个），贴放的位置根据具体托盘货物堆放方式来确定。如果由客户提供托盘，可在入库时，安装临时标签，并在终端设备上输入托盘货品编号，将货品与托盘捆绑。在叉车、手推车等库管设备上贴放 RFID 标签。

安装读写器可以实现对标签识别码和内存数据的读出或写入操作。智慧仓储安装读写器主要包括在仓库大门安装固定式读写器、给库管人员配备便携式读写器。其中，在库区内，按照点阵排列规律，有序安装固定式读写器，一般要求在 10000 平方米的仓库，需要约 20 个分体式读写器。而配备便携式读写器一般需要根据不同的工作性质，在读写器上设置不同的读写权限，主要分为移库人员、盘库人员及出入库检验人员三类。

◆智慧仓储执行要点

智慧仓储项目执行的关键要点是工作包，它是最低层次的可交付成果，是项目工作的基础和执行的关键要点。在智慧仓储项目执行中，首先要对每一个工作包的任务完成情况进行评估，检验其是否按要求完成。具体地讲，包括仓储管理业务流程是否正确描述，项目的需求分析及功能设计是否准确，是否按照贴签设计进行贴签，是否按照读写器安装设计进行安装，固定式及移动式读写器联调系统是否正常运行，软件系统是否能根据实际操作情况及时更新后台数据库。

在智慧仓储项目验收要项中，主要包括两大部分，一是项目实施中的各项设备质量是否过关，包括标签是否完好；阅读器是否在作用范围内可靠接收信息；配送管理信息系统及 GIS 系统（Geographic Information System，地理信息系统）是否按需求说明书实现等。二是项目实施后是否实现项目功能及预期目标。

Part 5

转型篇：

我国传统制造业的蜕变之路

第 12 章
新工业革命：传统企业的智能制造之路

12.1 颠覆与重构：智能制造重塑全球竞争格局

12.1.1 重塑“中国制造”全球竞争优势

近些年，依托互联网信息化技术的新一轮产业革命呈现出蓬勃发展之势，全球工业制造业逐步迈入数字化、智能化时代。在此背景下，美国、德国、日本等国家将智能制造作为未来制造业发展升级的重要方向，希望借此实现经济复苏，应对新工业革命时代激烈的国际竞争。

例如，美国依托先进的科技水平和完善的互联网基础设施，制定了《先进制造业国家战略计划》，通过发展“工业互联网”和“新一代机器人”布局智能制造；首先提出“工业 4.0”概念的德国，则致力于制定智慧工厂等“工业 4.0”各个方面的规则标准，试图获取未来全球智能制造领域的规则话语权；日本则通过《机器人新战略》、“社会 5.0 战略”等多种战略布局加快发展智能制造，构建本国制造业在全球新工业革命竞争中的新优势。

对我国来说，每一次技术与产业革命带来的生产力提升、生存方式变革，既为经济发展带来了新的压力和挑战，也是我国实现经济跨越式发展和“弯道超车”的重大机遇。因此，抓住新一轮工业革命的发展契机，实现传统制造向智能制造的转型升级，是我国跳过“中等收入陷阱”、从制造大国迈向制造强国、全面实现小康社会和现代化战略目标的关键一环。

在国内经济转型升级和全球制造市场竞争加剧的情况下，大力发展融合先进互联网信息化技术的智能制造，是建设制造强国、实现整体经济结构优化和动能转换的重要路径。

智能制造是以互联网信息化技术为依托，通过“互联网 +”实现虚拟网络与实体制造的深度渗透融合；通过将专家的知识经验融入感知、决策、执行等制造活动中，产品制造拥有在线学习和知识进化的能力；通过产业链中不同企业、不同环节、不同生产单元的高效协同，提高生产效率，构建集敏捷制造、精益生产、虚拟制造等于一体的先进制造系统。

因此，智能制造不是单一技术与装备的发展应用，而是通过对先进信息技术和制造技术的综合集成应用，实现装备智能化、设计数字化、生产自动化、管理现代化、营销服务网络化，从而创造更多附加价值。

例如，智能制造可以利用移动互联网、物联网、传感器、云计算、大数据等先进技术，实现设备、工厂、供应链上下游企业以及企业与用户的高效无缝对接，帮助企业精准定位用户需求，实时监控整个生产流程，从规模化、标准化刚性生产转变为多品种小批量的柔性生产，为用户提供优质低价的定制服务。

从我国制造业的发展现状来看，在劳动力成本不断攀升导致制造业逐渐丧失价格优势的情况下，智能制造对生产效率的大幅提高有助于继续保持甚至强化“中国制造”的综合竞争力，让我国制造业在未来全球制造产业链中占有一席之地。同时，传统制造向智能制造的转型升级将带动智能装备、智能传感器、新材料、工业软件系统以及相关服务等需求大规模增长，从而有助于培育新的经济增长点。

此外，智能制造带来的新型生产组织方式和商业模式有助于制造业市场实现供需两端的高效精准对接，有效解决传统制造模式中的产能过剩、库存高企、资源能源浪费、环境污染等众多痛点，推动供给侧结构性改革顺利落地。

在经济新常态下，智能制造将成为弥补“短板”、推动供给侧结构性改革、实现制造业乃至整体经济转型升级的重要引擎，也是应对经济下行压力、培育新经济增长点的有效方式。

12.1.2 以智能制造驱动全球价值链攀升

面对新一轮技术与产业革命的大潮，国内制造业必须抓住机遇，以智能制造为切入点实现从大到强的转变，使“中国制造”在全球产业价值链高端领域占据一席之地。

◆推进智能制造相关软硬件的自主研发与产业化

投入更多的资源精力进行智能制造相关软硬件的基础研究，提高智能制造关键核心技术的自主研发创新能力；构建官、产、学、研、用一体协同的研发创新机制和产业创新联盟，加快制定国内智能制造标准，积极开发推广工业软件；加大工业机器人、增材制造装备、智能传感与控制装备等关键技术装备的研发投入，掌握自主知识产权，提高智能制造的产业化水平。

◆鼓励创新商业模式，打通价值网络

智能制造不仅是对先进设备与技术的应用，更是一种以顾客为中心的新型生产方式和商业模式，需要企业从以往封闭的价值链转向高度开放的价值网络。工业制造企业要转变运作思维与逻辑，通过构建开放性的平台生态系统，获取远超自身体量的资源能量，建立“需求定制 + 大数据营销 + 参与制作”的“产品 + 服务”模式，为用户提供智能化、生态化、系统化的产品、服务乃至整体解决方案，创造更多附加价值。

◆培育自主品牌和骨干企业，拓展全球市场

政府要加快推进智能制造试点示范专项行动，大力培育一批自主创新能力强、主业和产品具有竞争优势、能起到产业引领带动作用的大型骨干企业。积极鼓励有实力的企业实施“走出去”战略，放眼全球市场、整合全球资源进行开放式创新；将智能制造的中国标准和中国平台推向国际市场，拓展智能制造生态系统的整合覆盖范围。

◆建立满足智能制造需求的多层次人力资源开发体系

在人才建设上，一方面加快构建完善的职业教育、继续教育和职业技能培训体系，为智能制造培育更多高素质应用型人才；另一方面实力雄厚的大型骨干企业要积极与各高等院校合作，建立产业人才培训基地，通过产学结合的方式培养能充分满足智能制造需求的“工匠型”人才队伍，为传统制造向智能制造的转型升级提供坚实的人才资源支撑。

◆完善企业内部价值链管理，增强企业智能化管理能力

智能制造的个性化定制服务和柔性化生产模式，对企业内部的价值链管理提出了更高要求。对此，企业要深度整合产品概念设计、原型开发、资源管理、订单管理、生产计划获取和执行、物流管理、营销售后等全流程环节，利用大数据技术挖掘各环节更多增值或附加价值，建立能充分满足智能制造需求的智能化运营管理系统。

12.1.3 数字化转型：通往智能制造之路

2008 年全球金融危机后，世界实体经济持续低迷，通过发展工业制造业实现经济复苏成为各国的共同选择。制造业新一轮发展的主要方向是基于先进互联网信息化技术的智能制造，如美国的“互联网工业”、德国的“工业 4.0”等。

面对新一轮的技术与产业革命浪潮，以及经济结构调整和动能转换的需要，我国政府也出台了《中国制造 2025》行动纲要，将智能制造作为传统制造转型升级、从制造大国迈向制造强国的主要手段。

智能制造聚焦但并不局限于生产环节，它是一次全流程、端到端的变革转型，通过对研发、生产、产品、渠道、销售、客户管理等产业全流程的智能化整合与重塑，实现企业生产方式和商业模式的创新。

在生产方式上，工业制造企业从规模化标准生产转向以用户需求为中心的个性化定制服务和柔性生产，并具有可视化、智能化、低碳化的特性；在商业模式上，价值创造的驱动力量从生产端转到消费端，以往生产决定消费的模式被消费需求主导产品生产的模式取代；互联网信息化层面，则是从消费互联网转向产业互联网。

传统制造向智能制造转型的基础支撑和驱动力量是“互联网 +”对工业制造业的深度渗透融合。这使企业能够直接对接产业链上下游各个环节，精准定位目标客户群体和市场需求，进而围绕用户需求对研发、生产供应链系统进行优化再造，平衡规模效益与个性化定制服务，提高生产效率，解决库存高企、资源能源浪费和环境污染等诸多发展痛点。

通过分析智能制造的特点可知，智能制造与全面数字化转型的意义大体相同。如今，世界各国都在进行数字化转型，还有很多国家将数字化转型视为增强竞争力的关键战略。对企业来说，数字化转型对其管理能力、资金实力与数字化能力提出了极高的要求，是一项全新的挑战。

在世界范围内，有很多企业与机构在数字化转型中受益。为了量化分析数字化转型带来的好处，在国外，有些人从 10 个行业中选取 391 家大型企业进行了调研，这些企业分布在全球 31 个国家，年收入均在 5 亿美元以上。这场调研的内容包括企业的数字化能力、企业的转型管理能力等，另外，他们还比较分析了其中 189 家上市企业的经营业绩。

经研究发现，与同行业平均水平相比，那些数字化领先企业的利润要高 26%，收入要高 9%。对年收入在 5 亿美元以上的大型企业来说，这种差距就是竞争优势。所以对企业来说，虽然数字化转型要面临巨大的挑战，但受转型成功后的利益驱动，企业要迎难而上，不遗余力地完成数字化转型。

数字化转型是通往智能制造的重要渠道，因此，企业必须马上行动起来进行数字化转型。虽然很多企业都明白数字化转型非常重要，但由于投资回报率不确定，很多企业都采取了跟随、观望策略。因为很多企业认为，在行业的数字化转型尚未开始之前，为了在占据市场份额的同时降低风险，可以采取跟随策略，在行业领先者之后做一个快速跟进者。

事实上，这是一个消极的想法与策略，企业在明确投资回报率之后再采取行动一定会失去先机，落在他人后面。另外，如果企业不进入数字化转型这个战场，也无法采取快速跟进策略。

虽然不同的行业的数字化进程不同，但相关调查研究表明，现阶段，每个行业都至少有一家企业已成为数字化转型的受益者。也就是说，如今，已有企业开始享受数字化转型带来的好处，已占据了一定的市场份额。在这种情况下，如果企业再继续观望，就会彻底落后，即便利用 3 ~ 5 年的时间完成了数字化转型，也不能很好地享受数字化成果，更难以获取应有的市场份额。

12.1.4 传统制造企业的数字化转型策略

综上所述，现阶段，中国企业要立即采取行动进行数字化转型。那么，在此之前，企业要做好哪些准备工作呢？

◆纵向整合及网络化

在纵向整合及网络化方面，企业要做到以下 3 点。

（1）IT 系统整合

企业要对其生产系统进行纵向整合，使其实现网络化，必须以 IT 解决方案为依托。现阶段，很多企业的 IT 基础设施都呈现出严重的碎片化现象，加大了生产系统网络化的难度。因此，企业需要构建一个全新的更具包容性的系统，该系统要涵盖传感器供应商、控制系统通信网络、模块、用户界面应用、商业应用等构件。选择合适的构件，对其进行整合，构建一个集大成的 IT 系统，企业若能做到这些，就能具备长期的竞争优势。

（2）数据分析及数据管理

智能制造会产生大量的数据，通过收集、分析、整理数据，企业能获得新信息，对市场产生新见解，从而为商业决策的制定、竞争优势的创新提供支持。因此，企业要具备数据分析与管理能力，以通过数据发现商机，并以此为基础构建全新的业务流程。

基于云的解决方案的网络化能让企业及时获取、使用大数据。对智能制造来说，基于云的解决方案越来越重要。与之前相比，生产系统的分布式网络的计算能力有了大幅提升。基于云的应用使企业能随时随地获取数据，工厂间数据的收集、分析、监测等行为也变得越来越简单，全球价值链的数据收集与分析也更易实现。另外，基于云的应用还使供应商与客户端实现了无缝连接，使供应商超出了产品范畴进行创新。

（3）运营效率2.0

数字化转型还为运营效率的提高创造了机会。首先，传感器、机械部件负责收集数据，通过分析、评估、应用这些收集到的数据，企业能快速地做出工作流程、安全运营、服务与维护等方面的决策。其次，高度的透明化不仅提高了开发流程与生产流程的效率，还使运营成本有效减少。最后，企业根据客户需求维护设备，使企业获得了设备可靠性与服务价格两个方面的优势。

◆价值链横向整合

（1）商业模式优化

智能制造不是完善原有的商业模式，而是迅速把握非传统商业途径，为了做到这点，企业组织、企业员工都必须学习、掌握新技能。企业如果自上而下开展新技能的培养，则很有可能遭到员工的抵触，因此，企业可以向员工介绍一些创新工具，增强员工的学习意愿，提高员工的参与度。数字化转型成功的企业以现有业务为核心在其周边开发一些新业务，这些新业务会逐渐成为企业最主要的收入来源。

（2）智慧供应链

未来，企业将集中全力探索一种新的商业模式，这种商业模式能最大限度地满足客户需求，并与合作伙伴相连接。为了更好地适应这种商业模式，企业供应链需要做出一些调整。企业要实现数字化转型，必须构建一个数据库，在数据库的作用下，供应链将变得更加高效、透明。随着企业数字化能力的提高，产品研发、产品生产、原材料采购、产品销售等环节的协同效应也会越来越强。通过良好的沟通方式与界面，数字化转型成功的企业可以对客户需求与供应商进行整合，将其融入企业价值创造的所有活动中去。

（3）智慧物流

在数字化浪潮下，随着新一代全球价值网络的出现与发展，物流系统必须越来越智能。对智能化物流系统来说，整合技术是一大挑战。企业必须同时满足物流过程中多个环节的新要求，如新服务、新仓储、新配送模式，内部生产、外部组装及外部服务的连接需求等。

（4）IT 安全管理

随着网络覆盖范围的逐渐扩大，数据共享程度越来越高，企业数字化转型对数据安全的要求也越来越高。在价值链横向整合的过程中，为了做好 IT 安全管理，企业必须构建适合自己的风险管理系统，制定系统化的网络安全策略，将价值链可能遭受的攻击降到最少。另外，制造业企业还要做好新产品、数据、知识产权的保护工作，开发新的安全方案，以切实做好 IT 安全管理。

（5）新税收模式

利用 3D 打印技术，企业无须跨越地理范畴上的国界就能在任何国家生产产品。对于这些产品，国家必须调整增值税、海关关税等税收法规，合理地对产品征税。

◆全生命周期数字化

（1）多领域创新

待智能制造成为现实之后，制造过程将贯穿整个价值链与产品的生命周期，智能制造的应用创新也将与传统的产品创新产生明显区别。基于传统认知，制造业创新往往聚焦在产品创新领域，但是在很多情况下，非产品领域往往蕴含巨大的创新潜力，如盈利模式、工作流程、用户界面、品牌建设、用户体验等。有研究证明，在两个及以上领域进行创新的企业在资本市场会有更好的表现，相较于在单一领域创新的企业来说，其股价更高。

（2）有效管理创新

成功的创新管理需要公司所有部门及员工参与，其内容包括战略创新、组织结构创新、项目组合管理创新、产品开发创新等。随着企业数字化转型的实现，这些部门的创新管理效率将进一步提高。

首先，在战略创新方面，互动性较强的个性化培训能推动企业战略尽快落地和人力资源快速发展。其次，在项目组合管理方面，借助智能制造，企业不仅能实时跟踪项目创新的投资回报，还能通过对全球其他类似项目的数据进行比较，预知项目风险。最后，在产品开发方面，借助信息技术，能明显提高产品研发速度，有效缩短产品研发周期。

（3）有效管理生命周期

随着数字化转型的实现，企业能随时随地获取与产品生命周期有关的数据。通过这些数据，企业能进一步了解客户需求，并且能以客户需求为依据定制产品的生命周期。

（4）知识产权管理

随着智能制造的实现，企业的知识产权管理要做出相应的调整。在新商业模式与合作模式下，企业必须针对数字知识产权问题制定解决方案，3D 打印最应如此。当然，保护知识产权不仅针对打印机、打印材料与打印技术，还要面向打印系统与打印流程，科学地设置打印系统，安排打印流程。

◆技术应用的指数式增长

技术应用的指数式增长能为制造企业带来一系列机会，企业要想利用这些机会必须具备持续学习的能力。整合、应用新技术不能一蹴而就，必须循序渐进、持之以恒。对企业来说，要想实现持续发展，就必须不断学习。急功近利不仅达不到想要的效果，反而会导致效率下降。所以，新流程、新业务必须在应用的过程中逐步提升，只有这样才能成为企业创新的支柱。

现如今，智能制造早已到来。例如，3D 打印技术为大规模定制化生产的实现提供了可能，社交媒体为企业全面了解客户需求提供了可能，大数据为企业在关键领域进行可靠的预测与决策提供了可能等。未来，几乎所有关于智能制造的设想都将被实现，为了迎接智能制造的到来，企业必须做好准备。

第 13 章 工业大数据：工业 4.0 时代的制造新思维

13.1 工业大数据的产生背景、特点、分类与应用

13.1.1 工业大数据产生的背景与意义

“中国制造 2025”“工业 4.0”“工业互联网”等战略要想在企业落地，就必须以工业大数据为基点。简单来说，工业大数据就是互联网、工业、大数据结合的产物。企业对工业大数据产生的背景进行解剖，归纳其类型与特点，站在数据流创造价值的角度，重塑工业价值流程，具有极强的现实意义。

◆ 数据产生于工业生产的全过程

工业生产的各个流程都能产生数据，如生产机床的转速、食品加工的温度、火力发电机组的能耗、汽车的装备、物流的位置与速度等，这些都是在生产过程中产生的数据。自工业成为一个单独的门类以来，工业生产数据的采集，工业大数据的使用范围得到了进一步拓展。

泰勒用秒表计算工人用铁锹运送煤的时间就是在采集、使用数据；福特的流水化生产就是采集汽车生产过程中的工业数据并将其在工厂内使用；丰田的精益生产模式就是采集工业数据，并将其使用范围拓展到工厂及上下游供应链；核电站全自动化的发电过程就是在提高生产过程数据的自动化水平。

无论是数据采集还是数据使用都需要消耗成本，工业数据也是如此。但是，随着信息、电子、数据技术、传感器、物联网等技术的发展，随着智能化、精度高、续航能力强、性价比高的微型传感器的出现，在移动数据通信的辅助下，物联网等新一代网络技术能在任何时间、任何地点采集、传输数据。

利用新型数据处理基础架构，如云计算，工业数据处理变得越发简单，其成本也大幅下降。

◆最大的拉动力是社会需求变革

随着社会的发展，人类进入了供过于求的时代。商品过剩，消费者的消费需求越发个性化，工业企业的产品必须与消费者的个性化需求相匹配。无论是定制服装、选配车辆，还是个性化教育，都要为满足消费者的个性化需求而努力。

满足消费者个性化需求的方式有两种，一种是模拟方式，一种是数字方式。

（1）模拟方式：定制服装就是一种典型的模拟方式，经验丰富的工人通过尺量、眼看、手摸，将其与经验相结合，明确服装的版型、剪裁。这种方式的效率比较低，质量难以保证，所消耗的成本比较高。

（2）数字方式：仍以服装生产为例，企业制定一套数据采集方法，前台客户代表采用这套方式对用户进行测量以获得用户的身形数据，将用户数据传输到总部，将其与原材料数据相结合，分解用户需求，将其转变为单独的工艺，以生产出符合客户需求的服装。

当然，企业在采用数字方式开展定制化生产的过程中也会聘请一些经验丰富的师傅，其任务不是满足客户的个性化需求，而是研究、创新生产工艺，把控数据和工艺分解过程。采用这种方式，随着生产线的扩容线性提升，生产线的生产效率显著提高，生产质量也得到有效的保证，生产成本显著降低。未来，数字模式将成为定制化生产采用的主流模式。

◆ **国策方针是影响力**

已经完成工业自动化过程的德国，以自动化及工业数据为基础，引入了云计算及人工智能技术，推动工业的智能化水平不断提高，满足大批量定制化生产的社会需求。互联网发展程度较高，并拥有强大的云计算能力及数据处理能力的美国，推出了工业互联网计划，将单个设备、生产线、工业的数据接入互联网，对大数据进行处理，从诊断、预测、后服务等角度出发深入挖掘工业服务的价值。

相较于德国、美国来说，中国的工业自动化、云计算等都正值发展期，在此背景下，中国政府推出了“中国制造 2025”战略，通过将工业化与信息化融合在一起，对工业化与信息化进行整体规划，推出了一系列重点工程及推进计划。

13.1.2 工业大数据的主要特点和分类

工业自动化、工业智能化、工业互联网等战略或计划要想落地，必须以工业数据为基础。随着制造业的发展，工业企业获取数据的维度越来越大，主要表现在以下 3 个方面。

第一，时间维度不断延伸。工业企业经过多年的发展与经营，积累了很多数据，其类型主要包括产品数据、原材料数据、工业数据及生产设备数据。

第二，数据范围不断扩大。首先，随着企业信息化建设不断开展，企业财务数据、供应商数据被保存、积累；借助客户关系管理系统，客户数据被积累；借助摄像头，生产安全数据被不断积累。其次，大量外部数据，如市场数据、企业舆论数据、社交网络数据等被收回。

第三，数据粒度不断细化。一款产品到多款产品再到多系列产品，产品数据被持续细化；从单机机床到联网机床，数据交互频率持续提高。

在上述3个维度的作用下，企业积累的数据量快速增加，形成了工业大数据。无论企业承认与否，这些数据都真实地存在于工厂的各个角落，并且在不断增加。

◆工业大数据的主要特点

一般来说，工业大数据具有四大特点，分别是数据量大、种类多、处理速度快、商业价值高。基于这四大特点，工业大数据还有以下两大特点。

（1）准确率高。大数据一般多用于预测场景，多用在商业领域，预测准确率如能达到99%就已经非常高了。但在工业领域，很多应用场景都要求预测的准确率达到99.9%，甚至更高，如轨道交通的自动控制、定制生产等。如果出现一丝失误，就会给企业造成巨大的经济损失。

（2）实时性强。工业大数据主要用在实时检测、预测及控制等场景中。一旦数据采集、数据传输、数据应用等环节消耗的时间过长，大数据就难以在生产过程中将其价值发挥出来。

◆工业大数据的分类

从企业经营视角审视这些工业数据，可根据数据用途将其分成 3 类。

（1）经营类数据，主要包括财务数据、资产数据、人事数据、供应商基础信息等，这些数据是在企业信息化建设的过程中不断积累起来的，是一家工业企业经营要素与经营成果的体现。

（2）生产类数据，这类数据是以企业生产过程为核心积累起来的，包括原材料数据、生产工艺数据、成品与半成品数据、售后服务数据等。随着数字机床、SCADA 系统、自动化生产线逐渐建设起来，企业也将这些数据记录下来。在工业生产过程中，这些数据是价值增值的重要体现，对企业差异性有着重大决定作用。

（3）环境类数据，包括温度、湿度数据，能耗数据，废水、废气排放数据等，这些数据对工业生产过程有很大的约束作用。

从目前的情况看，利用率最高的数据是经营类数据，生产类数据及环境类数据的利用率比较低。从未来的数据量来看，在工业企业数据中，生产类数据的占比将逐渐扩大，环境类数据的类型将逐渐丰富。

13.1.3 工业大数据的价值与应用案例

如今，企业积累的数据量正在快速增加，顺应发展趋势，企业在其生产经营的过程中引入了大数据技术。具体来看，大数据在工业企业中应用主要体现在以下 3 个方面。

◆以大数据为基础挖掘产品价值

具体来说，企业利用大数据技术挖掘产品及相关数据，将产品的新价值创造出来。

案例一：日本科研人员设计了一款新型座椅，该座椅能通过数据分析对主人进行识别，从而保证汽车安全。这款座椅安装了360种感应器，能收集并处理驾驶者的体重、压力值、坐的方式等信息，将其与车载系统中的车主信息对比，以此来判断人的身份，进而决定是否发动汽车。实验表明，这款座椅识别的准确率能达到98%。

案例二：三一集团有限公司通过对售出的挖掘机的开工情况、负荷情况进行跟踪，能了解全国各基建的情况，为判断宏观经济、调整销售市场布局、开展金融服务提供依据。

◆**提高服务型生产**

提高服务型生产指的是提高服务在生产中的价值比重，主要表现在前向延伸与后向延伸两个方面。

（1）前向延伸，即在产品销售之前，借助用户参与、个性化设计等方式，吸引、锁定并引导用户。

案例：红领西服是典型的前向延伸，在售出服装之前，员工通过对用户进行精准的测量来开展定制生产，使年收入、年利润以150%的速度增长，并且相较于成衣来说，每件衣服的成本仅高出了10%。

除红领西服之外，小米手机也是前向延伸的典型示例。

（2）后向延伸，即借助销售的产品在客户与厂家之间互动，产生持续性的价值。

案例：苹果手机利用App Store在用户与厂商之间建立连接，使用户的个性化需求得到了极大的满足，为用户提供差异化的服务，为企业带来百亿美元的年营收。

◆创新商业模式

在工业大数据背景下，商业模式创新有两大表现，一是工业企业能对外提供何种创新性的商业服务；二是工业企业能接受何种创新性的商业服务。对工业企业来说，最理想的情况就是通过对外提供创新性的商业服务能获取更多用户，挖掘更大的蓝海市场，获得更多利润，同时，通过接收创新性的商业服务，企业能使生产成本与运营风险显著下降。

案例：通用电气公司不对外销售发动机，而是以租赁的方式为航空公司提供发动机，按照发动机的运行时间收取费用，并引入大数据技术监测发动机的运行状态，通过科学的诊断与维护，发动机的使用寿命得以大幅提升。相较于销售发动机来说，通用电气公司借助这种方式获得了更高的经济回报。

在接收服务方面，现阶段，国内出现了一批工业大数据平台，专门为企业提供云服务架构。例如，海尔收购通用电气公司的白电业务，在两家公司一系列的合作中，通用电气公司的 Predix 工业大数据平台对海尔开放，接入海尔工厂，为海尔提供工业大数据服务。另外，九次方大数据也与各省市联合建立了向当地工业企业开放的工业大数据平台，为工业企业提供大数据采集、存储、挖掘及应用服务。

对工业企业来说，大数据是其在生产经营过程中面临的一次重大变革。数据化时代的到来为那些尚未完成工业化与信息化的工业企业带来了巨大的挑战。

首先，工业大数据的建设是一种思维变革，颠覆了过去以要素竞争为核心的工业生产模式，推动企业生产进入一个以数据及创新竞争为主的新时代。其次，企业要想在工业大数据领域有所作为，其全体员工都必须参与进来，各司其职，共同努力。最后，工业大数据建设要紧抓两个突破点：一是明确产品最强竞争力所在，深入挖掘其数据价值，以此为核心构建产品及服务能力；二是明确工业企业发展的限制因素，利用大数据寻找解决方案。

13.1.4 我国工业大数据发展研究对策

◆ **做好总体设计工作**

首先，我们要围绕工业大数据发展建立相关法规、技术标准及数据标准体系，紧抓机会争取成为中国市场上的规则制定者，制定竞争新规则；其次，挑选一些重点行业领域率先发展工业大数据，形成自主的核心工业信息技术体系，降低欧美等国的企业在我国市场的主导地位；最后，根据我国客户需求及市场环境，打造符合国情的工业大数据服务，并将其推广应用。

◆ **制定、实施标准规范**

首先，要加快制定元数据、数据交换及交易、数据质量与安全等方面的标准规范，并将其落实应用；其次，鼓励行业领军企业参与到工业互联网联盟的建设中来，针对企业间数据交换、交易制定相关的标准与规范；再次，要加大在信息安全技术研究方面的投入，将信息安全等级保护制度落到实处，构建大数据安全保障体系；最后，要明确数据的所有权、使用权，明晰各主体与信息间的权责、义务，针对数据安全修缮相关法律，惩戒各种违规、违法行为（如滥用数据、侵犯个人隐私等）。

另外，还要构建大数据测评机制及大数据评估认证体系，评估服务可靠性、安全性、质量等指标，为第三方机构评估和测评工作的开展提供有力的支持。

◆突破核心技术，提升应用能力

面向技术研发增加资金投入，突破核心技术做好数据集成、存储、处理及挖掘分析等工作，对于已取得技术突破的领域，要加快成果转化，使其被推广应用。

◆促使软件企业与工业企业实现协同发展

面向软件企业、工业企业与互联网企业建立协同发展机制，推动软件企业、互联网企业与工业企业深入结合，从技术、资本等领域探寻跨界合作策略，鼓励行业领军企业率先探索与互联网融合的方案和路线，鼓励相关企业研究大数据关键技术，探索其产业化之路。

◆促进典型应用示范

以互联网平台为基础，面向工业领域的不同行业与环节构建大数据整合及分析应用体系，扶持各种以大数据为基础产生的新技术、新模式、新产品，推进各项新业务（如个性化定制、智能监测、工控系统安全监控、智能制造等）的开展，做好新产业与新业态的培育工作。

另外，还要推广大数据的应用、分析用户需求、提高产品的附加值、打造智能工厂。为了做好大数据的推广应用，要挑选一些典型企业、重点企业做试点，推动制造业朝着智能化、服务化、网络化、数据化的方向发展。

13.2 DT 时代：大数据在制造企业中的应用分析

13.2.1 从 IT 到 DT：大数据时代的智能工厂

现如今，人类社会正在从 IT 时代朝 DT 时代发展，信息社会已迈进大数据时代。随着大数据的涌现及推广应用，人们的生活方式与工作方式被改变，制造业企业的运作模式也发生了显著的变化。

近年来，信息技术与通信技术实现了迅猛发展，取得了巨大的进步，呈现出爆发增长之势的数据给很多行业带来了发展机遇，也为其带来了诸多挑战。在制造技术不断进步、现代化管理理念实现了普及应用的今天，制造业企业的运营对信息技术的依赖程度越来越高。如今，在制造业领域，无论整个价值链，还是产品的整个生命周期，所涉及的数据非常多。同时，制造业企业的数据也呈现出爆发增长之势。

制造业企业涉及的数据类型非常丰富，有结构化数据，也有非结构化数据。具体来说其类型主要包括产品数据、运营数据、价值链数据和外部数据。

（1）产品数据。产品数据包括设计数据、产品加工数据、产品结构数据、产品维护数据、产品变更记录数据、产品零部件配置关系数据、产品建模数据等。

（2）运营数据。运营数据主要包括组织结构数据、业务管理数据、市场营销数据、生产数据、质量控制数据、库存数据、电子商务数据等。

（3）价值链数据。价值链数据主要包括客户数据、合作伙伴数据、供应商数据等。

（4）外部数据。外部数据主要包括行业数据、经济运行数据、市场数据、竞争对手数据等。

在网络协同、大规模定制不断发展的背景下，制造业企业还需通过互联网实时接收消费者的个性化定制数据，借助网络协同调配各方资源，组织生产，有效管理数量庞大、类型众多的数据。

消费者个性化的消费需求为制造业的生产方式与制造模式提出了更高的要求，制造业必须摒弃传统的产品生产方式与制造模式，利用大数据处理，挖掘消费需求产生的海量数据。同时，在生产这些非标准化产品的过程中也会产生海量的信息与数据，制造业必须收集、分析并处理这些数据，指导生产过程。

借助互联网，这两个方面的大数据信息流得以在智能设备间传递，由智能设备对其分析、判断、调控、决策，开展智能生产，生产优质、个性化的产品。从这个角度来说，大数据构成了新一代智能工厂。

在智能工厂中，“信息”与“物理”相互交合产生了大数据。随着大数据的推广应用，制造企业迈进了变革、创新的新时代。以传统制造业的生产管理数据为基础，借助物联网等信息技术的物理数据感知，生产数据的私有云成功构建起来，使制造企业的生产、研发、运营、管理被创新。借助这些创新，制造业企业的生产效率更高，对市场、产品的洞察力也更加敏锐。

13.2.2 应用价值：智能生产与大规模定制

大数据产生的巨大价值正在逐渐被传统产业认可，利用技术创新与发展及对数据的全面感知、收集、分析、共享，为企业管理者与参与者提供了一个全新的视角，让其对制造业价值链有了全新的认识。

◆实现智能生产

德国“工业 4.0”战略借助信息物理系统，将工厂或车间设备传感层与控制层中的数据和企业信息系统融合，生产大数据被传输到云计算数据中心进行存储，经分析处理之后形成决策，指导企业的生产活动。

具体来看，在“工业 4.0”战略下，工厂生产线与生产设备都配置了传感器，负责收集数据，再借无线通信技术与互联网连接，传输数据，实时监控生产过程。生产过程中产生的数据通过快速处理、传递，能直接被反馈到生产过程中去，将工厂打造成一个智能网络，优化工业控制与管理，使资源利用效率达到最大值，使工业与资源配置成本降到最低，提高生产效率。

在以往的生产模式下，设备在运行过程中经常发生一些磨损，使产品质量受到一定的损害。现如今，随着信息技术、物联网技术的迅猛发展，借助传感技术，企业可以实时感知生产过程中产生的数据，及时获知产品故障，并处理，以精确控制生产过程中的种种要素，真正做到智能化生产。所以，从某种程度上说，智能化设备的智能水平完全取决于工厂传感器产生的大数据的质量。

另外，从生产能耗角度来看，在生产过程中，利用传感器对所有的生产流程集中监控，一旦有能耗异常或能耗达到峰值的情况发生，工厂就能及时发现并处理，使能源消耗被实时优化。同时，工厂对所有环节产生的大数据精确分析，还能使整体的能耗水平显著下降。

◆实现大规模定制

制造业智能化以大数据为基础，在制造业大规模定制化生产中，大数据有以下几方面的应用，如数据采集与管理、订单管理、定制平台、智能化制造等，其中定制平台是核心。在定制数据达到一定级别的情况下，大数据应用就能变成现实。通过挖掘大数据，流行预测、时尚管理、精准匹配、营销推送、社交应用等应用都能变成现实。同时，利用大数据，企业还能开展精准营销，压缩库存，降低物流成本，将生产资源投入所产生的风险降到最低。

通过分析大数据，仓储、配送、销售效率能被大幅提高，成本能显著降低，库存将大幅减少，供应链也能被有效优化。同时，借助各种各样的大数据，如销售数据、传感器数据、供应商数据等，制造企业能对不同市场的商品需求做出精准的预测。因为制造企业能实时跟踪库存及产品销售价格，所以，制造企业的成本能得到有效控制。

从本质上看，“工业 4.0”以信息物理系统为基础打造“智能工厂”，让智能设备以经过处理的信息为依据进行分析、判断，对生产加工过程进行自我调整，实现自我驱动，直到产品生产完毕。从某种程度上说，智能工厂是大规模定制化生产实现的前提，为大规模定制的实现做好了准备。

要满足消费者的个性化需求，企业需要做好两件事：一是企业要为消费者提供能满足其个性化需求的产品与服务；二是要通过互联网获取消费者的个性化定制需求。因为消费者规模庞大，且每个消费者对产品的需求不同，使其需求信息有较人的差异。再加上消费者的需求不断改变，就形成了产品需求大数据。

另外，在消费者与企业互动、交易的过程中也能产生大量数据，通过挖掘、分析这些数据，使消费者参与到产品需求分析、产品设计等活动中来，创新产品。制造企业做好数据处理，将其传输给智能设备，挖掘数据，调整设备，准备好原材料，才能以大规模定制化生产的方式生产出符合消费者个性化需求的产品。

13.2.3 大数据环境下的制造业价值链模式

随着互联网的发展，应智能制造的需求，大数据以一种非常强势的姿态进入了人类生产、生活的各个领域，无论是大数据技术，还是大数据市场，都在以极快的速度发展。现如今，驾驭大数据的呼声也是此起彼伏。

现如今，我国工业信息化进程不断加快，世界各国也在努力地朝工业现代化、“工业 4.0”方向发展，使大数据技术深入工业领域与制造业领域，从技术与应用两方面实现了融合。那么，大数据技术是如何在工业领域和制造业领域发挥作用的呢？

◆大数据改善订单处理方式

众所周知，无论大数据技术被应用在哪个行业，预测能力都是其最根本的优势。借助大数据的预测能力，企业可以对市场发展趋势、行业走向、用户需求做出精准的判断，制订适合本企业的发展战略与规划。另外，利用大数据的预测结果，企业可以获知潜在订单的数量，直接进入产品设计、产品制造及后续环节。

也就是说，利用大数据技术，企业可以在客户下单前处理订单，这将大大缩短产品的生产周期。在传统的生产模式下，企业通过市场调研与分析获得一个大致的需求量，开始加工产品，等客户下单之后再处理订单，这种生产模式使产品的生产周期非常长。而现在，企业利用大数据技术对销售数据进行分析，能有效缩短产品的生产周期，使企业利润大幅提高。

◆大数据击败传统仓储运输

因为大数据能对消费者的个性化需求及其对产品价格的期望值做出

精准的预测，所以，企业在设计、制造产品之后，可直接派送产品，将其送到消费者手中。虽然消费者还没有下单，但消费者收到产品之后基本不会再将其退回。在这种模式下，企业库存过剩问题就得到了有效解决，传统的仓储运输与批发经营都将失去用武之地。

◆工业采购变得更加精准

大数据技术通过分析数据获取信息，推测未来的市场发展需求，在更大的范围内归并、匹配企业原料采购的供求信息，有效地提高了采购效率。采用高度整合，大数据能将分散的部门信息整合在一起，打破原有的信息壁垒，开展集约化管理。

企业还能根据每个生产流程的具体情况对企业的费用开支做出科学的安排，同时，利用大数据的海量存储功能，企业还能精确、细致地描述原料的附带属性，进行标准认证。另外，通过分类标签和关联分析，企业还能有效地评估采购资金的支出效果。

◆大数据让产品设计更优化

利用大数据技术，企业能实时监控原物料的品质，发现其中潜在的问题，及时采取措施予以处理，以使更好地维护产品质量。另外，利用大数据技术，企业还能监控加工设备的运行情况，预测设备故障发生的概率，以便让工程师采取合适的措施，为设备的正常运行提供有效的保障。

本田株式会社在电动车电池上引用了大数据分析技术，搜集了一些车辆行驶过程中的信息，如道路状况、行车环境、车主的开车行为等，利用大数据技术对这些信息进行分析：一方面，本田株式会社能根据电动车电池剩余的寿命，提醒车主及时更换电池；另一方面，本田株式会社将分析结果交给研发部门，为未来电池的设计提供参考。

◆大数据让终端零售畅通无阻

在企业整体运作的过程中，供应链方面的业务需求是非常重要的一部分。在零售领域，一些企业将大数据技术融入了供应链管理。以沃尔玛为例，沃尔玛零售链平台的大数据工具会定期向供应商与公司的相关部门分享每家门店的销售情况与库存情况。通过这些信息，供应商能提前为门店补货，减少断货情况的发生概率。并且，借助大数据技术，沃尔玛的库存量大幅减少，整个供应链条与零售生态系统的投资回报率大幅提高，沃尔玛获得了巨大的商业利益。

总而言之，工业制造业在技术创新等方面有一些特殊需求，希望企业能将海量数据真正地用到实际生产的过程中去，所以其对大数据技术的需求非常迫切，大数据对制造业、工业转型发展所起到的作用也非同寻常。

第 14 章 纪念制造工程的先驱——吴贤铭先生

14.1 世界工程界大师的诞生

14.1.1 吴贤铭的出生背景及早年经历

历史上的杭州培育了科学家沈括、思想家龚自珍和文学家白居易、苏东坡。历史悠久的杭州是孕育人杰的宝地。

农历癸亥年十月二十八日（1923 年 12 月 5 日），一个极为普通的日子，在诞生了许多伟人名士的杭州，吴贤铭出生在一户寻常百姓之家。儿时的吴贤铭酷爱中国古典文学、绘画、历史，中国古典文化在他身上刻下了深深的烙印。日后，他在西方生活多年，仍保留着浓郁的中国学者的道德风范；家居布置，仍然充满了中国情结。

1939 年，16 岁的吴贤铭，经历了生命中的第一次变故，父亲去世了。失去了家庭的顶梁柱，他跟着母亲、姐姐搬到叔叔家，寄人篱下，自然倍受欺侮。整整一年，吴贤铭只吃一种菜：最便宜的黄豆芽。苦难回馈给吴贤铭“食不辨味”的习惯和坚忍不拔、永不低头的品格。

用勤奋谱写辉煌，用知识改变命运，吴贤铭自小就怀揣着求学的梦想。1941年，在他考取上海交通大学时，正值国难当头，很多学生因此辍业。吴贤铭却逆境逢生，托人找到伴读的工作，迎来了生活的转机。之后他又成了台北火车站站长，年仅25岁。年少得志，绝非巧逢机遇，这都与其为人和善、永不停滞地追求精益及精于管理的能力有关系。站里300多人员，每个人的名字和职位，吴贤铭都记得一清二楚。他说，没有什么诀窍，口袋里放个小本子，反反复复地记，下回一看就认得。

直至36岁才结婚的吴贤铭，幸福地收获了一双儿女：女儿，吴以兰；儿子，吴重威。从名字的来历，我们就能看到吴贤铭倾注的思想和希望。在他的自传里，他写道："《论语》'君子不重则不威，学则不固。主忠信，无友不如己者。过，则勿惮改'短短数语，概尽了做人的道理。所以，给孩子取名为'重威'。"

人都说，年少丧父、中年丧子、老年丧妻，乃人生三大不幸事。吴贤铭16岁没有了父亲，62岁又失去了儿子。1986年，26岁的吴重威，身患白血病在临近博士毕业论文答辩时离开人世。美国密西根大学吴贤铭冠名讲座教授、吴贤铭制造研究中心主任、上海交大密西根学院院长倪军教授回忆道："他们的儿子过世以后，他跟我谈起这个事情，掉过好几次泪。我从来没见过吴教授那么坚强的人掉过泪。"

儿子对于父亲，就像人的第二次生命，他是血脉与精神的延传。父亲对于儿子，就像伤心时的一块糖，他是孤独与寂寞的开胃药。良好、融洽的父子关系，是和谐、美满家庭的原料。几年后，吴贤铭还对儿子的离开内疚自责、感叹不已。在其自传中，他写道："在我短暂的一生中，做爸爸的我在儿子身上花的时间实在是太少了。我把全部的时间和精力用于忙工作和培养学生，就没有时间再给自己的孩子了。在中国，从前有不少做父亲的，对于孩子们常常是能够吃饱饭就行了。不但没有腾出时间陪他们玩，还常常是教子过严，吓得孩子们不敢和爸爸亲近。当然，严也许是对的。但是，过严就不对了。”

吴贤铭大师早年的经历只能用坎坷智慧来形容，此番也是其富有传奇色彩的一生的重要组成部分。

14.1.2 从平凡到独树一帜的大师

在任台北火车站站长时，某日早晨出勤，吴贤铭邂逅了 R.C. Morse 先生，并亲眼见识了铁路专家的渊博。多年后，吴贤铭仍感慨，自己做了 8 年的铁路工作，还没有跟着 Morse 先生 9 个月学到的知识多，是 Morse 先生，引导自己得到了铁路局的工作。Morse 先生是位什么样的人呢？ Morse，耶鲁大学毕业，出身名家，叔叔是发明电报码的人。当他来到美国之后，才晓得宾夕法尼亚州的铁路一百年的历史中有 3 个人才，Morse 先生就是其中的一位。

正是这位先生，用他睿智的眼光，发现了吴贤铭的才华，并帮助他前往美国深造。1954 年，靠着借来的 600 美元，吴贤铭登上了西行的油轮。第 28 天的早晨醒来，他依稀可以望见自由女神。梦想即将启程，浓浓的惆怅也随机而至，异国他乡，举目无亲，个人的生计、昂贵的学费，一个个问题接踵而至。为了生存，吴贤铭到处找工作。最终他在高尔夫球场找到工作，清理更衣室、厕所，擦皮鞋，给打高尔夫球的人配酒。他最头痛的是擦女人的高跟鞋，尤其是几个颜色的那种，擦起来很费劲。但因为小费给得多，吴贤铭每次都很耐心。就这样，靠着平时和假期的打工，吴贤铭坚持读着宾夕法尼亚大学沃顿商学院的企业管理学硕士，也悟出了在美国生活的要诀，不断地将自己安排得忙碌和紧张，这样的生活意味就卓然有了生趣。在他后来的自传里，他这样评价这段经历：“这一段时间，说苦也是蛮苦，每天至少要做十六个小时的工作，有时甚至要做十八个小时。”

吴贤铭的敬业精神和吃苦耐劳的品格，折服了每一个到过高尔夫球场的人。一天，老板用抑制不住的尊敬与感激，动情地告诉吴贤铭：“知道我为什么那么爽快地答应给你工作吗？因为我以前用过一个叫Joe的中国人，他一句英文也不会讲，但他是所有职员里最勤奋、最忠实的一个。以后，只要看到中国人，我总是说，Joe给你开了一条路。”Joe的故事使吴贤铭感触到，外国人就是通过自己来衡量国家的人，每一个在外的中国人，都是中国形象的代言人。Joe的故事也深深地震撼了吴贤铭，不仅要延续Joe勤奋、忠实的美德，还要传承Joe为后来人开路的宏伟志向。

对于沙漠中行走的骆驼，它不在于满眼都是沙子，而在于心中有没有绿洲。吴贤铭在艰辛的生活中挣扎着、奋斗着，终于在1956年，32岁的他获得MBA学位。他像现在的年轻人一样，对未来充满了太多的幻想和期许，但同样遭遇了失落、失业的打击。读完了MBA，他也找不到事情做。不一样的是，吴贤铭没有俯首认命，怨天尤人，而是放下学历，从小事做起，从解决生计开始。他在邮局做寄信的工作。那是在严冬的子夜，每天夜里十二点上班，一直到次日早晨八点钟，中间只有三十分钟的休息时间。他一直不停地在地下拖着大邮包，一晚上下来筋疲力尽，后来又回到高尔夫球场，那时即使是150元的最低薪资，也得去做。办聚会时，老板叫他帮客人挂外衣，等客人走了以后，会给两毛五分钱。有时为了等一件衣服的主人，他要等上3个钟头。在自传里，他回忆道：“只有干过这种差事的人，才能体会到拿这点小费的苦衷。”

放大心胸看事，立定脚跟做人。智者的梦再美，也不如愚人实干的脚印。1957年，33岁的吴贤铭毅然抛开MBA，决定从头学习机械工程，在威斯康星大学，转攻机械工程学科。这位没有机械学科背景的大龄本科生，用自己勤奋学习、刻苦钻研的身影，融入了威斯康星大学修身治学的氛围。

当时他有两位导师，一位是拉尔夫 · 哈克（Ralph Harker）教授，他是机械工程学方面的导师，另一位是乔治 · 伯克斯（George Box），世界顶级统计学家。他们对吴贤铭影响深远，他们使吴贤铭可以有效地把制造学和统计学第一次联系在一起。四五十年前，每个系都很独立，之间的互动十分少，像吴贤铭这样在不同的系有两位导师是十分少见的。翻开世界高等教育的学科发展史，从机械工程学、统计学诞生之日起，它们就分门别户，各自为政了很多年。多年来，这两个学科的知识穿插、互动联系，在人们习惯思维的领域悄悄地被漠视着。所以，不管是刻意地钻研拓展，还是无意中的机缘，吴贤铭的学识背景都带给人们一种罕见稀缺的印象。系里分成很多不同的领域，互相之间没有很多联系。当时大部分教授只重视工业机械、注塑、塑料等工艺。许多在那里的人致力于大系统的研究，而不是面向过程的研究。这些系不仅之间的联系很少，而且十分保护自己的领域。不像今天，两个系可以是双赢的关系。吴贤铭那时在系与系联系不十分紧密的时候，就已经看出相互合作的重要性，他相当于机械工程系和其他系之间的桥梁。

正是两位导师的指引，吴贤铭在机械工程学和统计学的学科联系中，慢慢深入，独辟蹊径地行走在自己的学术和科研路上。他发现，之前用于工程的统计方法总需要有一个不可缺少的假设条件，数据关系也相互独立，很多是纯理论的建构。然而现实是复杂的、实际的，是不允许处处假设的。学术科研的路，必须踏踏实实，容不下半点马虎。后来，立足于大量的实践总结，吴贤铭肯定地指出，绝大多数工程与制造工程不满足这些条件，种种假设会失去大量有用的信息。

吴贤铭在自传中写道："快半年了，每天只是从住处到办公室跑来跑去，竟不知道在我住的地方还有两个挺大的湖。那时念书虽然辛苦，可我满心从头做起的决心和精神之佳，绝不亚于当年去台北站时的情景，真是分秒必争，不看报纸，不看电影，没有电视，甚至不听广播，不上街，不休假。”

苦心人，天不负。大器晚成，苦尽甘来。踏过了坎坷的书山，渡过了茫茫的学海，吴贤铭终于在“四十而不惑”的年纪，历练为晚成的大器：一位拥有 MBA 背景的机械工程博士；一位应用统计学研究制造工程问题的首位学者；一位立志教学、科研并举的高校教授。

14.2 吴贤铭大师的传奇人生

吴贤铭教授 1923 年出生于浙江杭州，1945 年毕业于交通大学（今西安交大和上海交大前身），1954 年前往美国求学，并于两年后获得宾夕法尼亚大学 MBA 学位。后他转入威斯康星大学机械工程系，并于 1962 年获得博士学位后留校任教，1986 年，吴贤铭前往密西根大学机械工程系担任教授。“传奇色彩”，莫过于这个词语能概括吴贤铭传奇的一生。他的一生，无论事业、爱情，还是家庭都充满了坎坷和传奇。

14.2.1 对汽车制造的贡献

20 世纪 80 年代，世界汽车行业实现飞速发展。密西根大学身处世界汽车业三大巨头通用汽车、福特和克莱斯勒的包围中，有着无人能比的近水楼台资源优势。密西根人审时度势，希望在制造界营造如鱼得水的生存空间，囊括声名显赫的专家，锻造立于世界的制造业。他们最终决定引进吴贤铭，在决定引进他之前，吴贤铭已经在所在领域拥有极高的声誉。当问及任何人“谁是美国制造技术的领导者”，都会提到威斯康星大学的吴贤铭。当时数以百计的学生来自世界各地，现在他们也都已成名。人能走多远，不是看力量而看毅力；一个团体能走多远，不是看实力而看眼光。密西根大学的发展，得益于高瞻远瞩的立意和独具慧眼的选材。当年的密西根大学的校长，也是以前的密西根大学工学院院长，他非常有眼光，花了很大的力气把吴贤铭请过去。从此，吴贤铭在密西根大学广阔的舞台上，尽情地诠释人生的经典。是吴贤铭，真正带领密西根人走进世界制造工程；是吴贤铭，真正开始了深入研究汽车制造的领域。

无论是对通用汽车、克莱斯勒，还是其他数十家汽车制造企业来说，吴贤铭都带来了诸多伟绩，他来到通用汽车的办公室，指出做得不够的地方，帮助改善凯迪拉克制造业，提高质量和车身建设。在办公室热烈地讨论约 2 个小时后，他开始了一个在汽车行业非常大的项目，那就是“继续改善”，这个项目成为当时在美国一种普遍的汽车计划。1989 年是克莱斯勒转折的一年。克莱斯勒产品在市场上开始疲软、收支平衡出现动摇，这使员工感到紧张。在这个环境下，吴贤铭使用了异常坚定的词：“持续改进”和“虚拟精度”。他向人们证明了，比起那些阻碍制造业辉煌的减速带，路上的绊脚石不是什么问题。不断进步、努力改得更好，这就是改善。改善的精神和意识，对飞速发展、竞争激烈的制造工程界，显得尤其重要。可以说，改善是科技进步的动力，更是企业发展的灵魂。

吴贤铭似乎总能有这样的奇思妙想，他的理论似乎总能引起业界的轰动，因此吴贤铭与美国工业界，尤其制造工程界建立了深厚的情谊。是的，克莱斯勒并不是唯一一家受到吴贤铭智慧好处的公司，他曾任三大汽车公司在内的 30 多家公司及企业的顾问，他还在制造领域带出了

100多个博士学生。在吴贤铭担任美国30多家制造公司顾问的日子里，他用“持续改进”的理念，让一家家企业虎口脱险，扭转乾坤。“持续改善”“继续改善”是完善制造工程的一种信仰，也是一种理念。

经过几十年的研究，验证、修改、实践，他的理论为现代工业生产提供了一套全新的方法，广为美国工业界，尤其是三大汽车公司通用汽车、福特及克莱斯勒所采用，创造了巨大的经济价值和社会价值。

14.2.2 吴贤铭大师所获殊荣

1991年年初，中国香港实业家蒋震博士尽数捐出其资产1亿多美元，建立了“蒋氏工业慈善基金”，并设立“蒋氏科学成就奖”。这项大奖的奖金达10万美元，为当今工程界最高奖项，堪称工程界的“诺贝尔奖”。包括加州伯克利大学前校长田长霖教授、中国科学院院长周光召先生、诺贝尔奖得主李远哲先生等在内的评审委员会，在全世界华裔专家、学者提名中审查，经反复筛选，最后众望所归，首届“蒋氏科学成就奖”由密西根大学吴贤铭教授获得。

如果说，首届“蒋氏科学成就奖”为吴贤铭戴上了制造工程大师的皇冠，那么“2mm工程”则为吴贤铭披上了泽被后世、名垂青史的袈裟。一粒大米被切成两半，再被切成两半，它的长度大概是2毫米，但你能想象，像车门那样大的东西，制造精度能达到2毫米吗？吴贤铭认为可以。在他过世后两三年里，克莱斯勒和通用汽车两家公司不断完善他的理论，使他的所有梦想成为现实。他的许多学生纷纷进入工业界，将老师的想法付诸实施，创造了“2mm工程”，大大地改进了克莱斯勒和通用汽车的生产，这些方式被沿用至今。

正如约翰·肯尼迪（John Fitzgerald Kennedy）所说，一个国家不是仅靠他所培养的人来认识自己，而是通过那些荣耀的人和被记得的人们来认识自己的。

1992年夏天的一个晚上，位于福特庄园附近的一家五星酒店的宴会大厅内灯光闪耀。密西根大学校长、三大汽车公司的巨头们齐聚这里，举杯庆贺吴贤铭对制造工业所做的杰出贡献。学术界、工业界顶尖机构联合为一位教授的成就举办庆祝晚宴，在美国以及世界上都实属罕见。

"吴贤铭制造学术研讨会"，是中国，甚至是亚洲，制造工程领域最高级的一个学术会议。它将世界制造工程成就卓越的人士召集在一起，共画中国制造科学发展的蓝图；它把热爱制造工程科学的年轻人吸引在一起，为中国制造科学发展积蓄源源不绝的力量。1998年，首届"吴贤铭制造科学研讨会"，由清华大学、吴贤铭基金会和国家自然科学基金会联合举办，海内外著名人士200多人参加了会议。首届大会的成功举办和巨大影响力，使承办"吴贤铭制造科学研讨会"的竞争像申办奥运会一样激烈。2004年在西安交通大学；2006年在中山大学；2008年在天津大学；2010年在长沙举行，由湖南大学、国防科大和中南大学联合承办；2012年重庆大学成功申办。这是一个系列化的会议，从200多人，慢慢地逐年增加到七八百人，足见这个会议非常有意义。对中国，对世界，对民生来讲，制造业是一个非常重要的领域，更多的年轻人被吸引到这里来从事这个事业。

吴贤铭基金会就像吴贤铭致力于学术研究一样严谨、务实。没有刻意地宣传造势，没有明星代言，更没有媒体报道，但是非常有意义，这是所有参与其中的人们对此一致的评价。"影响极其深远"，人们用这个短语，概括了基金会的所有事务。1999年，吴贤铭基金会为制造业领袖设立的"制造领袖奖"，像诺贝尔奖一样深受人们的关注。

14.2.3 各界人士眼中的吴贤铭大师

谈到吴贤铭教授，人们自然而然地就能联系到“制造工程大师，世界上第一个将高等统计理论应用于制造工程研究的人”。他在反复地实验和论证的基础上，将时间序列分析方法和统计分析、制造理论结合，创立了一套崭新的工程数据分析方法：动态数据系统理论，其英文缩写 DDS（Dynamic Data System）是业界耳熟能详的简称。

李培根：吴教授早年，机械并不是他的科班，但是他在机械制造这个领域能够成为一位世界杰出的学者，我认为这一点就足以有传奇色彩。

Marvin DeVries：吴贤铭为机械工程系建立了第四个专业。仅仅几年的时间，原来的工业工程专业从机械系中分离出来并成立了新的系。直到今天这个系还叫“工业和系统工程系”。很多在那里的教授还跟制造业有关系，但他们从系统的角度去看待关于制造的问题。吴贤铭对工程统计学的应用使我们这个专业独树一帜。

密西根大学：他富有创造性的挑战，就是去建立一个新的领域。在这个新的领域，我们研究的问题通常只能通过应用现代统计学技术才能得到很好的解决。但吴教授总说这不是解决问题的方法，他让我们用现代技术，即统计学和计算机一起来解决这一特定领域的问题。这件事表现出吴贤铭对产品工程领域的贡献。但在世界高等教育学科的发展史上，吴贤铭的贡献绝不仅仅是发现了学科融合的趋势和必要性，重要的是他坚持己见，将学科融合的理念演绎成可观的现实。当有关专业融合的问题越来越多时，吴贤铭看到了研究这些融合的重要性。因此，他是联结机械工程，特别是机械制造和统计学领域的先驱。

商务部支持推出技术项目：哪里能推出技术，就资助哪里。吴贤铭决定写一个提议，申请资助建立一个移动加工能力试验室。我们在一个移动拖车上建试验室，就加工和工具寿命及其磨损的各个方面进行讨论。那是世界最早尝试把制造研究拿到制造企业去。有3年的时间我们基本都是在路上度过。工作，要像春蚕吐丝，兢兢业业，到死方休；要像点着的蜡烛，从头到脚，一生光明；要像夸父追日，不舍昼夜，热情似火；要像古人求学，废寝忘食，持之以恒。这是学者的精神，更是科研的态度。

Dwight Carlson：他与众不同的地方在于，他十分聪明，会不断地研究一个问题，直到对问题有深刻的理解。当时我的公司在做三维的机器视觉。我们把很多小传感器嵌入制造过程中，再把它们连接到电脑上。他说："Dwight，你有电脑，为什么不把它转换成图像？"就这样，我们得到了生产性能的图像。他看到从传感器得到的信息将把工人压倒，所以他拓展了一系列像时间序列分析这样的方法去管理实时的制造，这一套系统从根本上改变了汽车创造业的管理方法。

倪军：我们做制造科学与工程的研究和教育，不断地追求把这个制造过程做得越来越好。吴教授是从20世纪60年代开始做这件事情的，在美国，这是非常不流行的事情。吴教授很早就看出来，制造是一种科学，搞制造可以提高人们的生活水平，改变一个国家的经济地位。制造是一种科学，宏观上它可以提高一个国家的经济地位，微观上它能提高生产效率，减少劳动时间，降低物质消耗，为企业赢得巨大的经济利益。吴教授尤其重视制造生产方法和方式的改进。他另辟蹊径，发展出一套实用且有效增进大规模自动化生产的方法。他利用先进的计算机技术在线处理生产过程中的各种数据，建立统计系统模型，从而实时监控，有效地提高了加工精度和生产率，并降低了成本，由此衍生出不需要精密机器的精密加工法。

GM：我记得一个特定的时间，他认为进展不够快，放弃在电话谈。

开车到我在底特律的办公室，面对面讨论。因此，他是一个非常不寻常的人，非常喜欢亲手使真正的事情发生。

陈玉宝：他非常有人情味。1982 年，我在交大考取留美名额，当时国内导师给我推荐吴贤铭。拿到地址，我写了两封信，一封信是英文的，一封信是中文的。我非常高兴地收到吴贤铭亲自手写的一封中文回信，因为这点我们开始长达 30 年的关系。吴教授每个礼拜在密西根一定要到工厂，不是说要到研究部门，而是要到生产线上去。到了工厂见工人，完全像朋友一样，没有任何架子。他的坚持，他的贡献，他从一点一滴做起，不仅赢得了学术界的尊敬，也赢得了美国工业界的尊敬。人们往往容易忽略的是，吴贤铭还拥有深厚的管理学背景。早在 20 世纪 50 年代，吴贤铭就获得美国知名大学 MBA 学位。所以，在吴贤铭荣耀一世的汽车事业里，他时时都在和企业管理者分享自己的管理理念。这一点，恰恰是吴贤铭为企业界和工人们念念不忘的原因。

Dwight Carlson：吴教授发现真正对生产线了解的却是那些从工会来的人。他对那些管理人员说，他们才是应该去管理的人，被管的应该去管管理的人。他是一个能跟所有工人都说上话的人。他爱跟工厂里的所有人交谈。他会在工厂里到处观察，看到很多别人根本看不到的东西。这方面他十分强。

Marvin DeVirse：他经常说，具有国际竞争力的公司，需要一位对问题有深刻理解的领导，一位能真正了解产品以及制造产品过程的人。他说，公司成功的根本在于充分授权并培养它的员工。让管理阶层培养、教授真正第一线的员工，并给予他们足够的责任。

李培根：吴教授的过人之处是他很善于学习，善于从工人和学生那里吸取知识，再加上他宏观的整体判断能力。这是我很佩服他的。

倪军：吴教授觉得，天分可能只占一分，机遇可能比天分更重要，占两分，最重要的勤奋努力，占七分。天分无法选择，机遇也不是自己能取的，只有经过努力才能抓住机遇。唯一能够掌控命运的就是勤奋努力。平时努力勤奋，机会来的时候就抓住了。吴贤铭的勤奋，得到了学生们、同事们的敬仰。在生活条件艰苦，没有任何奖学金，更没有任何经济来源，知识链也严重脱节的窘境中，吴贤铭用亲身经历并更正了“人到三十不学艺”的俗语。

14.2.4 吴贤铭大师的有趣经历

这是一个关于吴贤铭的故事，它真实而有意思。一次大手术苏醒后，吴贤铭迫不及待地开始背诵一首诗。直到一字不漏地背完，他才长长地吁了口气，高兴地说道：“还好，还好，脑子无损。”在他的自传里，其中有一段写道：“1960 年春假伊始，气温依然很低。我提一个小包，带了一本杜甫的《秋兴八首》，进了大学的医院。两天后，我就要做平生的第一次手术。这个手术虽不算大，可亦不算小，我在床上整整睡了十一天。”吴贤铭真是一个特别的人：一个做完手术，不关心身体的健康，而担忧脑子好坏的人；一个认为脑子好坏，比生命更重要的人。

有谁会像他一样，住院动手术还饶有兴致地背诵古诗词呢？又有谁会像他一样，因为火车站的工作经历，爱上火车的长鸣声呢？吴太太说：“我们所居住的这个地方，当初找到这里时，问经纪人，火车来几次，应该问清楚一点，它老来的话会很烦。结果他说，就喜欢听火车的声音。”还会有谁像他一样，听说有人在他办公室乱翻东西，他一笑之后，还欣慰自己的东西对别人有价值。吴太太说：“他老不关门，也不锁门。他的作品到处都是。后来他说，‘假如有人跑到我的办公室拿什么东西，就表示我这个人还有可以拿的东西。你不用担心，等我做出了写在文章里的那些成果，这些已经过时了。我在改善，不断地在创新，不断地用新的东西，他说气功对锻炼身体有好处，就每天锻炼。晚上十二点钟回家前，他还在办公室打坐半个小时。他不管周围有什么人，也不管在什么时间，就开始做。1988 年，他到美国亚特兰大去开一个国际会议，那天是星期日，下午有半天时间，他就在有两个篮球场大的空地上打起坐了。很多美国人围过来看，人家以为这个人怎么了。”

多么有趣的故事，多么自在的教授。通过这几个有趣的故事，让我们用不同的视角认识不同的吴贤铭。在吴太太的故事里，先生是豁达大度、海纳百川的人；在倪军、陈玉宝这些学生的心中，老师是朴实无华、情致高远的人。他既有东方教授循循善诱、严师严父、以身作则的导师风范，又有西方学者不分等级、亦师亦友、平等待人的胸襟。

14.3 吴贤铭大师对后世的深远影响

14.3.1 吴贤铭大师的精神

忠实于理论联系实际的大师吴贤铭常说，工程研究的最初动机应该是工业应用。他将 DDS 方法推而广之，应用于天文观测、地震预报、健康统计、经济评估，以及工程监测和控制等诸多领域。“科技是第一生产力”的论断，通过吴贤铭这名学者、科研人才的努力，得到了科学且具有说服力的论证。

早年将火车站里 300 多人的名字和职位都记得一清二楚的吴贤铭在其自传里写道：“做一件事情，若是一定要做的话，就一点一点地啃着做，总会想出种种办法把事情做好的。若不想做的话，那会想出种种理由说不能做。”另外，倪军回忆起吴贤铭大师说过的话：“他说我就是老黄牛，不断地做，总归能做出来。我就靠努力，看准了方向百折不挠。世界上没有一步可以成功的。”

天分由天，机遇难求，唯有勤奋你我都可以做到。回顾人生，吴贤铭常说，自己在工程方面并没有特别的天分，平常人如我，天分加机遇不足一分，勤奋才是成功的必要条件。只要多一分自己可以掌握的决心和毅力，普通人都可以做到。

高山须入云，水深得似海。然而在现实中，山可以不必很高，有仙人出没一样会名气冲天；水也可以不必很深，有龙腾舞跃就会灵性十足。人也可以不必表面光鲜，品德高尚同样芳香四野。《陋室铭》是吴贤铭喜爱备至的诗词。一生勤俭、朴素的吴贤铭，身体力行地解读着“斯是陋室，惟吾德馨”，与学生出去开会，他从不顾及教授身份、不摆阔气、不讲排场。总是和学生挤在几平方米的房间里，他会为自己加一张小床。倪军回忆道：“我和吴教授经常出去开会，有时候要住旅馆，他从来都是可以省钱就省钱，我和他经常是一间房间两张床。”陈玉宝回忆道：“他租过一个一室一厅的房间，房间里面没有家具，只有几个沙发。他睡在沙发上，整整过了一个学期。”

想做一些事情，没有勇气不行，没有奉献精神不行。吴贤铭之所以能有这么大的成就，就是因为他有勇气和奉献精神。虽然他已经故去了十多年了，但是对中国制造业还有这么大影响，而且会有越来越大的影响。无论是其勤奋还是简朴的品质，对如今的年轻人来说，都是非常值得学习的。

14.3.2 吴贤铭大师价值的延续

作为一名炎黄子孙，吴贤铭为提高中国制造工业水平，促进科技发展尽心尽力。1979 年，吴贤铭率美国生产工程代表团赴中国，并且在上海和北京两地亲自讲学，首次将其动态数据系统的理论传入中国，引起了国内机械工程及其他领域学者和工程技术人员的广泛注意与兴趣。在中国概率统计学会的主持下，1984 年成立了时间序列分析与应用会议，由此推动了中国制造工程与生产实践的结合，缩短了这方面同世界先进水平的差距，初步实现了吴贤铭“西学中用”的夙愿。

1991 年年底，在首届“蒋氏科学成就奖”的颁奖仪式上，获奖者吴贤铭感慨万千，勉励全世界的华夏子孙，为中华腾飞同尽心力。之后，他将奖金十万美元全数捐出，用以继续制造工程的研究发展。

就是这样一位教授，他用一点一滴省下来的钱，为世界培养了 124 名博士、112 名硕士、36 名博士后和难以计数的访问学者。几乎每一位学生，都得到过吴贤铭人力或财力上的帮助。尤其是对中国留学生，他毫不吝啬。

1992 年吴贤铭去世，吴贤铭的学生和团队成员就跟学校建议，是不是能以吴贤铭的名义命名一个中心或一座楼。在美国大学，只有两种情况下，会以一个人的名义命名一个中心或一座楼：第一，这个人捐了一大笔钱；第二，这个人对学校做了很大的贡献。吴贤铭虽然生前只在密西根大学工作了五年，但是他对密西根大学在制造科学的研究和教育方面做出非常卓越的贡献。综合考虑，一个中心被命名为“吴贤铭制造研究中心”。这个制造中心在目前美国制造领域是最有声望的一个，也是规模最大的一个制造研究中心。吴贤铭过世以后，该研究中心继承吴贤铭以前的传统，在高水平的科学研究上不断发展，并考虑和工业界结合。而今，最有声望、规模最大的“吴贤铭制造研究中心”，正像人们预想的一样，为培养世界制造工程人才发挥着举足轻重的作用。1993年，“吴贤铭制造研究中心”与中国国家教委合作，成立了“中美高级制造奖学金计划”。从成立至今，“中美高级制造奖学金计划”为国内培养了很多研究生和访问学者，为中国学者、博士后进修提供一个实习进修的基地，它是世界各地优秀学子梦想的实现地。

在教育部的支持下，国家中心每年选拔一些研究生，从国外找各种机会来支持这些学生，还鼓励国内制造业企业到中心交流，制造业企业到中心进修的有重庆长安、湖北东风汽车厂、一汽、柳州微型汽车厂，还有国内的机床厂。很多国内的企业也派人到中心进修，中心通过国家外国专家局为企业培训办班，提高中国制造业的水平。

“中美高级制造奖学金计划”，英文缩写SAM，正好是吴贤铭的英文名字Sam。世间的造化就是这样神奇，充分地赋予人们幻想的空间。SAM，不仅言简意赅地告诉人们“中美高级制造奖学金计划”，它还含蓄地启发人们纪念智者的方式。

“制造领袖奖”的用意实践着吴贤铭教授培养年轻人，报效祖国的夙愿，大家都把它叫作“骆驼奖”。吴太太说，骆驼更能反映领袖的特色。骆驼在非常恶劣的环境下，吃得少，喝得少，领头的骆驼有方向感，吃苦耐劳，还能带领整个驼队走出沙漠，这就是领袖的特色。

从“吴贤铭制造研究中心”“中美高级制造奖学金计划”“吴贤铭基金会”“吴贤铭制造科学研讨会”到“制造领袖奖”，吴贤铭大师播撒的恩惠遍及后代的人民。

后　记

中国智能制造助推中国交通屹立于世界交通强国之林。在欧洲，通车近 3 年的塞尔维亚泽蒙—博尔察大桥气势恢宏，构成多瑙河上又一道风景；在非洲，开通运营近 5 个月的蒙内铁路，承载着肯尼亚人的百年梦想疾驰前行；在亚洲，喀喇昆仑公路如天路般，畅通了巴基斯坦北部地区的对外经济生命线……在世界各地，中国路、中国桥、中国铁路正成为中国对外的一张张亮丽新名片，这背后离不开智能制造的巨大动力，离不开交通强国奋斗者的智慧。

中国高铁成为智能制造的“名片”。肯尼亚蒙内铁路旁，数以万计的野生动物在广袤无垠的大草原上迁徙。蓝色多瑙河畔，塞尔维亚泽蒙—博尔察大桥架起飞虹。波涛蔚蓝的马尔代夫，来往游客见证着中马友谊大桥的成长。这些项目虽相隔万里，但背后都蕴藏着同一标志——中交二航局制造。1982 年，中交二航局首次迈入海外市场，成为国内最早涉足海外施工的企业之一。随着近年来企业的发展和“一带一路”倡议的推进，中交二航局踊跃加入“走出去”企业大军，充分运用“桥品牌”和技术优势“出海”，足迹遍布亚洲、欧洲、非洲、南美洲等的 24 个国家和地区，共承接海外项目 91 个，合同总额超 80 亿美元。二航局在“一带一路”沿线大放异彩，这得益于他们将“争科技领先、创管理一流”

的企业精神移植到海外市场，通过企业精神的践行，将“打造品质工程”变成中国企业在海外的一张名片。近年来，中交二航局先后参建各类桥梁 300 余座，其中跨江、跨海大桥 100 多座，跨径超千米的大桥 13 座，“桥品牌”也逐渐成为中交二航局占据技术制高点的法宝。尽管如此，也有部分国家对中国建筑企业的管理制度、技术标准、实施工艺持有怀疑态度。杰出的产品能够让疑虑不攻自破。作为中国建筑企业在欧洲国家承建的第一个大型基础设施工程，塞尔维亚泽蒙—博尔察大桥肩负着“第一张名片”和“标杆项目”的重大使命。重压之下，中交二航局将此项工程完成得优质高效。2014 年 12 月 18 日，大桥建成通车，时任塞尔维亚总理亚历山大·武契奇出席剪彩仪式时说：“这个项目是塞尔维亚近 20 年来，第一个在预算范围内按时且优质完工的大型建设项目。”2017 年 5 月 31 日，肯尼亚蒙内铁路建成通车，内罗毕到蒙巴萨的火车时间由 12 个小时缩短至 4.5 个小时。初到非洲，中交二航局的工作人员承受诸多误解，但随着项目属地化管理工作的开展，建设者们赢得了当地人的尊重和信赖。通过不断摸索，蒙内铁路项目部建立健全了员工属地化管理制度，形成一个包括公开招聘、合同签订、培训教育、薪酬待遇、劳保福利、生活管理、文化活动等在内的系统化管理体系，从而保证员工属地化管理工作稳步、持续、健康发展。在海外项目建设过程中，除了展现产品本身的“硬实力”外，中国智造同样注重彰显中国文化的“软实力”。在蒙内铁路项目时，中交二航局成功救援被困野生大象，收到了肯尼亚大型动物基金会负责人发来的感谢信。在马尔代夫中马友谊大桥，项目部每个月都组织开展文化交流活动。如今，中交二航局的海外产品结构日趋合理、海外市场范围不断拓展、海外营销布局日益完善、差异化服务能力稳步提升。未来，中交二航局将进一步挖掘区域内市场的潜力，增进与“一带一路”沿线各国人民的人文交流与文明互鉴。

2017年8月14日，中国交通建设股份有限公司（简称中国交建）承建的马来西亚东海岸铁路项目在马来西亚关丹举行开工仪式。这项合同总额约872亿元人民币，是在“一带一路”倡议下，中国企业在海外承建的最大单体项目，在马来西亚乃至东南亚地区都备受关注。马来西亚东海岸铁路项目起点为吉隆坡北部的鹅唛，终点为吉兰丹州的瓦卡巴鲁，线路全长688公里，是采用中国国家一级客货两用标准建设的电气化铁路，客运列车设计时速为160公里，货运列车设计时速为80公里。线下土建部分采用马来西亚及其他国际标准，线上全部采用中国标准。工程桥隧比约33%，其中，高架桥梁约100公里，隧道约65公里。这一项目总结为“三高、三大、三难”。“三高”是指该项目的国际关注度高、设计技术标准高、安全质量要求高；“三大”是指该项目的规模庞大、风险巨大、时空跨度大；“三难”是指项目涉及的征地拆迁难、国内参建人员进入难、各方组织协调难。中国交建项目团队已经提出了详细的建设指导思想：立足中国技术基础，项目实施过程中着重引入中国先进技术、优质装备和充足的资金作为项目顺利实施的后方保障。强化中马标准融合，马来西亚在项目实施、工程管理方面具有一定特色和施工能力，该项目将充分发挥中方新技术、新工艺、新材料、新装备和马方独具特色的基础设施施工优势，在建设施工中考虑马方的专业实力，发挥其比较优势，双方共同建设、和谐发展。突出中国交建特色，吸取其承建的南海工程、蒙内铁路、港珠澳大桥等特大型项目的优秀管理经验，利用中国交建高标准的创新能力，实现科技创新、管理创新、制度创新，打造具有中国交建特色的马来西亚东部沿海铁路施工管理体系。

东帝汶是21世纪海上丝绸之路沿线的重要国家之一。由中国海外工程有限责任公司（简称中海外）和中国中铁一局集团有限公司组成的联营体，特别是中铁一局员工组成的建设主力军，跨越重洋，远离祖国和亲人，正建设着该国第一条高速公路——东帝汶苏艾高速公路。他们用中国人的勤劳和智慧助力东帝汶迈进经济文化发展的“高速时代”。东帝汶苏艾高速公路一期工程全长 30 公里，为双向 4 车道，设计时速为 80 ~ 120 公里。负责施工的二分部安质部部长肖仪伟介绍，东帝汶国家技术工人缺乏，而且当地劳务人员缺乏安全常识，刚开始上工地都是赤脚干活，也不戴安全帽。中铁一局以属地化管理为抓手，选拔国内优秀的项目技术管理人才带班，通过架子队、班组建设等模式，带领东帝汶劳务人员学规范、学技能。他们积极发扬“传、帮、带”的中国企业精神，招聘一批，教会一批，始终让外籍员工学有所得、在实践中提高。一位叫阿波罗·迪尔的当地劳务人员说：“中国人手把手地教我们学东西。”今年 34 岁的他要抚养 4 个孩子，来项目之前长期没有工作，生活压力巨大。通过项目部技术管理人员手把手教学、一对一传授，如今阿波罗·迪尔已经能熟练掌握全站仪、水准仪、中海达 GPS 等仪器，并成长为一名出色的项目工程技术管理人员，有了一份稳定的收入。目前，以三分部为例，该分部 200 名员工中，东帝汶劳务人员占全体参建人员的 80%。

中国水路交通智能制造也赢得了世界各地的鲜花和掌声。面对全球市场低迷、竞争异常激烈、造船成本上升等不利条件，我国船舶工业积极应对困难挑战。1999 年成立的中国船舶工业集团公司业务涵盖船舶造修、海洋工程、动力装备、机电设备、信息与控制和生产性现代服务业六大板块，产品覆盖油船、散货船和集装箱船三大主流船型及多种船舶和海洋工程装备，产品出口多个国家和地区。努力保持生产经营总体平稳，启动转型升级重大项目，发挥了行业骨干企业的“领头羊”和“排头兵”作用，为我国跻身世界造船强国做出了积极贡献。

隧道技术是智能制造的闪光点。2017 年 10 月 31 日，历经 6 年多的攻坚克难，由中国铁建中土集团联合体承建的阿尔及利亚第一长隧道、北非地区最长隧道——甘塔斯隧道迎来全线贯通。甘塔斯隧道是阿尔及利亚首都阿尔及尔至奥兰铁路55公里新线及既有线改造项目中的重难点工程，同时也是全线的控制性工程。该隧道设计为分离式双洞单线隧道，左线长7335米，右线长7346米。这条隧道被称为"三极"隧道，地质围岩状况极差、地应力极高、膨胀性极强。由于该工程项目监理单位多为欧洲监理公司，造成了项目前期施工单位与欧洲监理公司在设计施工理念上的碰撞，前期设计审批推进困难。面对迟迟无法开工的困境，联合体与一分部开动脑筋、主动求变，果断决定"斜井先行、样板引路"，以斜井施工为试点，通过斜井样板式的施工工艺和施工质量，用事实说服监理公司，来推动隧道正洞施工设计的最终批复，实现正洞顺利开工。为此，从甘塔斯隧道1号斜井正式进洞起，项目部理顺隧道施工作业程序，切实抓好精细化施工管理环节。通过项目部和施工现场的严格管理、精心组织，甘塔斯隧道斜井施工进度快速平稳，施工质量完全符合业主监理要求，让欧洲监理人员真正认识到中国企业的施工能力和组织管理能力，大大推进了隧道正洞的施工设计审批进度。2011年5月24日，随着甘塔斯隧道出口左洞开始进洞施工，该隧道正洞施工全面展开。在建设过程中，复杂的地质条件给参建团队带来不小的挑战。2013年7月起，甘塔斯隧道出口遭遇不良围岩地质段，导致已施工的初期支护出现变形问题。从9月10日开始，掌子面掘进被迫暂停。在长达6个多月的停工期中，中土集团联合体组织各单位隧道专家集中智力、攻坚克难，他们组织专家会诊，进行技术研讨和论证，最终确定了支护强度最高的E1R型支护体系；同时，积极与国外设计公司沟通，邀请国外隧道专家实地考察，共同研讨施工设计方案；在各方的共同努力下，新型初期支护方案得到监理的顺利批复，甘塔斯隧道不良地质段得以顺利通过，为甘塔斯隧道的顺利贯通奠定了坚实的基础。

关于智能制造助推交通强国的例子还有很多，在新业态中更是层出不穷，如中国新能源公交助力蓝天保卫战，发展新能源汽车是我国从汽车大国迈向汽车强国的必由之路。我国新能源汽车产业借助智能制造，获得良好的政策环境，在全球市场抢占发展先机。2016年，我国新能源汽车销量达50.7万辆，累计推广超过100万辆。新能源汽车在公共交通领域的推广速度和规模远高于其他领域。为打好“蓝天保卫战”，交通运输部出台《关于加快推进新能源汽车在交通运输行业推广应用的实施意见》，明确支持在城市公交中应用新能源、清洁燃料车辆。各地交通运输管理部门还对符合要求的新能源公交车予以运营补贴，帮助不少公交企业即使在没有地方补贴的情况下，依然买得起、用得上。在终端应用环节，公交客运企业正在积极探索新能源汽车运营经验。在交通运输部主办的2016年“我的公交我的城”重大主题宣传活动中，深圳巴士、郑州交运等企业的10条公交线被评为“新能源公交示范线路”。截至2016年年底，全国新能源公交车已超过16.4万辆，新能源出租汽车超过1.8万辆，新能源城市物流配送车辆已超过9.4万辆。一些城市已成为全国甚至全球公共服务领域的新能源应用样板，例如，山西太原已将8292辆出租汽车全部更新为纯电动车型。在经济新常态下，商用车市场经历了2010年峰值后的急转直下、2016年开始复苏的发展曲折。5年来，商用车企业审时度势，自觉提升技术研发能力，普遍走上了自主创新的品牌塑造之路。以新能源为契机，传统客车企业阵营中的中通客车异军突起，比亚迪、银隆等“造车新势力”携资本之力强势入局，“三龙一通”市场格局受到巨大冲击。传统公路客运市场的持续低迷和城市公交市场的兴起，使得两者对应的车型市场此消彼长。在新技术变革的冲击和行业转型升级的现实需求下，技术创新、营销模式创新、服务创新风起云涌。众多客车企业向下游延伸，除了提供传统的产品和销售服务之外，更主动帮助终端用户解决购买、使用、维护等全生命周期的问题，“全方位解决方案”已成众多车企推出新产品之时强调的卖点。为向“中国制造 2025”目标迈进，“品质升级”成为交通行业智能制造的必然关键词。以交通运输部重大主题宣传活动“品质发现之旅”为代表，福田、宇通正在从技术研发、生产制造到售后服务的全链条上发力，引导高端化、智能化的先进运输装备推广应用。在“一带一路”倡议引导下，我国商用车正在完成从“引进来”到“走出去”的蜕变，中国客车企业在海外的知名度逐渐提升。在世界的许多角落，我们都能看到带有宇通、金龙、安凯、比亚迪等标志的中国品牌客车。

交通运输行业，安全是“底板”，安全的交通是交通强国战略的底线。安全是汽车产品的第一要素，营运车辆使用频率高、影响范围广，安全性至关重要。这 5 年来，交通运输部等相关行业管理部门将安全提到前所未有的高度，有效提升营运车辆本质安全。针对货车超载超限这个交通安全顽疾，2016 年，《汽车、挂车及汽车列车外廓尺寸、轴荷及质量限值》(GB1589-2016) 修订出台。从长远看，这一标准将利于符合标准要求的新车型推广，在引导汽车和挂车的设计制造升级、加强道路交通安全管理等方面发挥重要作用。针对营运客车安全性能不足引发的道路运输安全事故，交通运输部组织制定并发布了《营运客车安全技术条件》(JT/T 1094 标准)，于 2017 年 4 月 1 日正式实施。自此，我国有了第一套系统性、科学性、针对性的营运客车安全技术标准。2017 年 9 月末，交通运输部首次公示“营运客车安全达标车型”，苏州金龙、宇通客车、中通客车、安凯客车、厦门金龙、厦门金旅等 8 家车企的 58 款客车获得第一批“准生证”。在道路运输业转型升级阵痛之时，提升安全技术标准有助于从根本上加快优胜劣汰。无论是行业主管部门、车辆制造企业，还是科研机构、行业媒体，都在拿出坚强决心和切实行动，破解长期困扰行业的安全难题。关于汽车，更美好的图景在未来。随着《汽车产业中长期发展规划》的发布，我国汽车产业正在努力实现关键技术取得重大突破、全产业链实现安全可控、中国品牌汽车全面发展、国际发展能力明显提升、绿色发展水平大幅提升五大目标。民之所需，服务所向；车轮滚滚，一往无前。中国智造助推交通强国的成绩已经打下了坚实的基础，交通行业将继续深化改革、创新发展，提升服务品质，加快转型升级，促进降本增效，推进本质安全，为全面建成小康社会提供更好更优的交通服务保障。中国智造助推交通强国之路，将越走越宽！

本书是受到倪军教授多年指点的结果，为了缅怀智能制造的先驱、影响世界的制造大师吴贤铭，在书中讲述了他的故事。在密西根大学求学期间，我时常在吴贤铭大师的墓地旁静坐，抚摸着大师亲笔撰写的碑文，感受海外游子的报国情怀。愿以此书绵薄之力致谢吴贤铭大师及推动中国智造的倪军教授！感谢他们给了我撰写书稿的动力和灵感，感谢他们改变我和下一代人的命运轨迹！

赵光辉

2017 年 10 月

于广西钦州市交通运输局

参考文献

[1] 赵光辉，李莲莲，单丽辉 . 综合运输服务：互联网与大数据应用评价 .[J]，综合运输，2015(9).

[2] 赵光辉 .“十三五”期中国交通服务战略展望 [J]. 改革与战略，2015(5).

[3] 赵光辉，田仪顺 . 交通运输社会服务能力 . 人民交通出版社 [M].2013(5).

[4] 赵光辉，陈立华 . 公路交通应急管理教程 . 人民交通出版社 [M].2013(3).

[5] 赵光辉，我国“互联网 +”综合运输服务的演进与政策研究 [J]. 中国流通经济，2016(3).

[6] 中国制造 2025 顶层设计基本完成：集成电路地位空前 [J]. 半导体信息 .2017(4).

[7] 工业和信息化部发布《中国制造 2025》重点项目资金预算 [J]. 机床与液压 .2017(16).

[8] 朱剑英 . 智能制造的意义、技术与实现 [J]. 机械制造与自动化 . 2013(3).

[9] 刘晓璐 .“中国制造”的发展路径探索 [J]. 时代金融 .2017(23).

[10] 刘冲 . 中国制造的榜样 [J]. 中国眼镜科技杂志 .2017(17).

[11] 聚焦中国制造 : 制造强国战略五大工程初战告捷 [J]. 机械研究与应用 .2017(4).

[12] 张坤 . 提升长株潭核心增长极地位和作用的研究——以“中国制造 2025”为背景 [J]. 学理论 .2017(8).

[13] 《中国制造 2025 四川行动计划》2017 年重点工作推进方案 [J]. 四川冶金 .2017(4).

[14] 从“中国制造”到“中国制造 2025”[J]. 本刊据《人民日报海外版》《上海证券报》等综合整理 . 商周刊 .2015(6).

[15] 陈渊源，吴勇毅 .“中国制造 2025”如何破茧解题 [J]. 企业管理 .2015(3).

[16] 许颖丽 . 从“两化融合”到“中国制造 2025”[J]. 上海信息化 .2015(1).

[17] 丁纯，李君扬 . 德国“工业 4.0”：内容、动因与前景及其启示 [J]. 德国研究 .2014(4).

[18] 裴长洪，于燕 . 德国“工业 4.0”与中德制造业合作新发展 [J]. 财经问题研究 .2014(10).

[19] 安琳 . 借鉴德国“工业 4.0”加快我国制造业转型升级 [J]. 电器工业 .2014(7).

[20] 杨玲 . 生产者服务业对“中国制造”转型的效用研究 [J]. 国际商务（对外经济贸易大学学报）.2012(1).

[21] 武震 .“中国制造”面临的主要问题及对策研究 [J]. 财经理论与实践 .2011(2).

[22] 张明建 . 基于 CPS 的智能制造系统功能架构研究 [J]. 宁德师范学院学报(自然科学版). 2016，28(2)：138-142.

[23] 郑茂宽，明新国，李淼等 . 智能制造系统总体架构及发展趋势探讨 [C]. 2013 先进智能制造技术发展研讨会 .2013.

[24] 韦莎 . 智能制造系统架构研究 [J]. 信息技术与标准化 . 2016(4).

[25] 汪艺，王焱 . 智能制造和高速高精加工技术 [J]. 制造技术与机床 . 2016(2)：18-20.

[26] 纪钰珩 . 机电一体化技术在企业智能制造中的发展与应用 [J]. 企业技术开发 . 2014(33)：48-49.

[27] 里夫金 . 第三次工业革命：新经济模式如何改变世界 [M]. 中信出版社，2012.

[28] 冈崎哲二 . 质疑产业政策——培育新产业，成世界潮流 [J]. 日本经济新闻 . 2013(4).

[29] 贾根良 . 第三次工业革命与新型工业化道路的新思维——来自演化经济学和经济史的视角 [J]. 中国人民大学学报 . 2013(2).

[30] 左世全 . 第三次工业革命背景下我国制造业的战略转型 [J]. 机械管理开发 . 2013(6).

[31] 巫云仙 . “德国制造”模式：特点、成因和发展趋势 [J]. 政治经济学评论，2013(3).

[32] 陈文 . 企业物流外包的风险防范 [J]. 物流科技 . 2007(10).

[33] 陈庆 . 专业市场、电子商务与快递业联动发展研究——基于浙中城市群建设的思考 [J]. 价值工程 . 2013.

[34] 陈冰 . 面向智能制造的航空发动机协同设计与制造 [J]. 航空制造技术 . 2016(5)：16-21.

[35] 单继东，王昭阳，陈贺利，等 . 航空发动机智能制造生产线构建技术研究 [J]. 航空制造技术 . 2016(16)：52-56.

[36] 汪伟 . 基于面向对象 Petri 网的航空发动机协同设计过程动态建模方法研究 [A]. 中国航空学会 .2015 年第二届中国航空科学技术大会论文集 [C]. 中国航空学会 . 2015：8.

[37] 严英仕，杨爱民 . 智能制造技术与信息化技术的结 [J]. 2014 中国家用电器技术大全 .2014

[38] 靳晨 . 适应新型工业化发展需要的工程科技人才培养体系研究 [J]. 哈尔滨理工大学 . 2015(3).

[39] 李圣怡 . 智能制造技术与智能制造系统 [J]. 国防科技大学学报 .1995(6).

[40] 姚赐凡，陈统坚 . 新技术革命与智能制造技术 [J]. 中国机械工程 .1997(7).

[41] 杨子江 . 论机械制造的智能化技术发展趋势 [J]. 数字化用户 . 2013(27)：41.

[42] 吕坤 . 机械制造的智能化技术发展趋势 [J]. 中国科技博览，2012(13)：21.

[43] 包德海，史振鹏 . 论机械制造的智能化技术发展趋势 [J]. 今日湖北（下旬刊）. 2012(12)：67.

[44] 刘朝武，孙占军，姜亚，等 . 机械自动化发展趋势探析 [J]. 城市建设理论研究（电子版）. 2013(35).

[45] 穆然飞，司永军 . 机械自动化技术发展趋势的分析 [J]. 现代企业教育，2012(6)：103.

[46] 王影，冷单 . 我国智能制造装备产业的现存问题及发展思路 [J]. 经济纵横 .2015(1).

[47] 刘峰 . 全球制造业变革的前景与挑战——智能制造发展形势多重解析 [J]. 人民论坛 · 学术前沿 .2015(11).

[48] 林汉川，汤临佳 . 新一轮产业革命的全局战略分析——各国智能制造发展动向概览 [J]. 人民论坛 · 学术前沿 .2015(11).

[49] 任宇 . 中国与主要发达国家智能制造的比较研究 [J]. 工业经济论坛 .2015(2).

[50] 周济 . 智能制造——“中国制造 2025”的主攻方向 [J]. 中国机械工程 .2015(17).

[51] 傅建中 . 智能制造装备的发展现状与趋势 [J]. 机电工程 .2014(8).

[52] 张曙 . 工业 4.0 和智能制造 [J]. 机械设计与制造工程 .2014(8).

[53] 朱剑英 . 智能制造的意义、技术与实现 [J]. 机械制造与自动化 .2013(3).

[54] 荣烈润 . 面向 21 世纪的智能制造 [J]. 机电一体化 .2006(4).

[55] 赵东标，朱剑英 . 智能制造技术与系统的发展与研究 [J]. 中国机械工程 .1999(8).

[56] 郑直 . 中国制造的“世纪铁路”通车了 [J]. 就业与保障 .2017(14).

[57] 王君宝，梁冬 . 中国最北高铁：通往幸福的快车 [J]. 智慧中国 .2017(7).

[58] 柴门 ."高铁"成为中国制造新典范 [J]. 中国质量万里行 .2011(2).

[59] 胡卓人 . 民主德国为中国制造的 B22 型四轴冷藏车 [J]. 国外铁道车辆 .1989(1).

[60] 钟伟 ."中国制造"中的生命补贴 [J]. 乡镇论坛 .2006(14).

[61] 高安妮 . 解读《中国制造 2025》临空经济影响几何 [J]. 空运商务 .2015(12).

[62] 范学军 . 工业大数据发展现状及前景展望 [J]. 现代电信科技 .2017(4).

[63] 郑树泉，覃海焕，王倩 . 工业大数据技术与架构 [J]. 大数据 .2017(4).

[64] 王敏 . 制造业大数据分布式存储管理方法研究 [D]. 武汉大学，2017.

[65] 于青民 . 基于大数据分析的风力发电机健康监测研究 [D]. 山东大学，2017.

[66] 杜品圣 . 智能工厂——德国推进工业 4.0 战略的第一步（上）[J]. 自动化博览 .2014(1).

[67] 宋慧欣 ."工业 4.0"，制造业未来之路 [J]. 自动化博览 .2013(10).

[68] 何瑾 . 智能制造装备业，万亿市场蓝图初现 [J]. 科技智囊 .2013(8).

[69] 唐洋洋，丁金华，王嘉循，高腾，李明颖，王德权 . 机器人柔性砂带磨削加工力控制研究与应用 [J]. 制造技术与机床 .2017(5).

[70] 白小文 . 计算机技术在航空制造业中的应用 [J]. 科技创新与应用 .2015(17).

[71] 杜文岚 . 江西航空制造业发展探讨 [J]. 现代商贸工业 .2011(21).

[72] 王建华 . 探索中国飞机制造装备技术的发展道路（五）[J]. 航空精密制造技术 .2010(5).

[73] 毛景立，张西涛，范秉宇，等 . 面向大型飞机的先进制造技术特点及发展趋势 [J]. 中国民航大学学报 .2008(5).

[74] 李惠成，矛金 . 航空军工企业实行先进制造技术的必然性探讨 [J]. 西安航空技术高等专科学校学报 .2007(5).

[75] 毛景立，梁工谦，李鸣 . 军品无形价值研究 [J]. 科研管理 .2004(2).

[76] 林健，李鸣，毛景立 . 军品现行成本价格模式的弊端分析 [J]. 经济管理 .2002(2).